大国脊梁

国家最高科学技术奖获得者的奋斗人生

中国科协创新战略研究院 编

任福君 扈永顺 主编

新华出版社

图书在版编目（CIP）数据

大国脊梁：国家最高科学技术奖获得者的奋斗人生／
中国科协创新战略研究院编．-- 北京：新华出版社，
2022.4
ISBN 978-7-5166-6232-8

Ⅰ．①大… Ⅱ．①中… Ⅲ．①科学家—生平事迹—
中国—现代 Ⅳ．① K826.1

中国版本图书馆 CIP 数据核字（2022）第 054894 号

大国脊梁：国家最高科学技术奖获得者的奋斗人生

编　　者：	中国科协创新战略研究院		
出 版 人：	匡乐成	选题策划：	许　新
责任编辑：	沈文娟　祝玉婷	特约编辑：	王京雪
封面设计：	今亮後聲 HOPESOUND 2580590616@qq.com · 赵晓冉		

出版发行：新华出版社
地　　址：北京市石景山区京原路 8 号　　邮　　编：100040
网　　址：http://www.xinhuapub.com
经　　销：新华书店、新华出版社天猫旗舰店、京东旗舰店及各大网店
购书热线：010-63077122　　中国新闻书店购书热线：010-63072012

照　　排：华兴嘉誉
印　　刷：北京金康利印刷有限公司

成品尺寸：145mm×210mm
印　　张：12.5　　　　　　　　字　　数：257 千字
版　　次：2022 年 5 月第一版　　印　　次：2025 年 1 月第二次印刷

书　　号：ISBN 978-7-5166-6232-8
定　　价：68.00 元

本书编写组

主　编：任福君　扈永顺

编　委：杨志宏　石　磊　高文静

　　　　钟卫宏　王　妍　张晓铮

　　　　马　丽　甘　博

国家最高科学技术奖于 2000 年由中华人民共和国国务院设立，是中国国家科学技术奖中最高等级的奖项，也是中国科技界的最高荣誉。国家最高科学技术奖授予在当代科学技术前沿取得重大突破或者在科学技术发展中有卓越建树、在科学技术创新、科学技术成果转化和高技术产业化中创造巨大经济效益或者社会效益的科学技术工作者。

国家最高科学技术奖每年评选一次，每年获奖者不超过两名，由国家主席亲自签署、颁发荣誉证书、奖章和奖金。2000 年度国家最高科学技术奖首届获奖者是著名的水稻专家袁隆平院士和著名的数学家吴文俊院士。除个别年份空缺，至 2020 年度，共有 35 位杰出科学家获此殊荣。他们的名字如雷贯耳，他们的事迹感人至深。

翻阅获奖科学家的名单，品读他们勤恳求学、科研报国的人生历程，不难发现共和国屈辱、贫弱的过去是他们的奋斗起点，建设一个强大、兴盛的新中国是他们的初心使命。在无尽的黑夜中演算、实验，在无垠的稻田间辛勤培育，在广袤的沙漠中爆破，在幽暗的海洋中深潜……他们用自己的智慧、汗水，为共和国、为人民筑造起一道道"铜墙铁壁"，让中国在世界面前挺直脊梁、挺起胸膛。

35 位科学家恒心坚韧，初心如磐，他们的奋斗故事值得我们学习。为此，中国科协创新战略研究院与新华出版社合作策划、出版了《大国脊梁：国家最高科学技术奖获得者的奋斗人生》一书。该书收录了历届国家最高科学技术奖获得者科学报国的故事。从懵懂的青少年成长为获得卓著成就的科学家，他们内心秉持的是对世界的好奇、对科学的热爱、对祖国的忠诚。他们孜孜求索、刻苦钻研，忠于国家、服务人民，务实担当、无私奉献，他们的身上集中展现了我国科学家的高风亮节和崇高风范。

该书内容来自中国科协老科学家学术成长资料采集工程成果，并精心选配百余幅新华社经典照片，图文并貌地展现科学家风采。

建成社会主义现代化强国，实现中华民族伟大复兴，是一场接力跑，科学家前辈们为我们做出了光辉典范，我们备受振奋鼓舞，同时也希望把这份科学报国的赤子之心传递下去。

耀眼的明星，真正的偶像。

谨以此书向"大国脊梁"致敬。

编　者

2022 年 3 月

目录

001

2000年

袁隆平

一粒种子改变世界

· 1930.9 — 2021.5 ·

· 杂交水稻育种专家 ·

· 中国工程院院士 ·

· "共和国勋章" 获得者 ·

· 2000 年度国家最高科学技术奖获得者 ·

2021 年 5 月 22 日 13 点 07 分，袁隆平在湖南长沙逝世，享年91 岁。

袁隆平是我国研究与发展杂交水稻的开创者，也是世界上第一个成功利用水稻杂种优势的科学家，被誉为"杂交水稻之父"。从 1960 年开始，他就始终致力于杂交水稻技术的研究、应用与推广，攻克了"制种关"。直到 2021 年年初，他还坚持在海南三亚南繁基地开展科研工作。

即使身处重病之中，袁隆平最牵挂的还是科研。入院之初，他每天都问医务人员："天晴还是下雨？""今天多少度？"有一次，护士回答 28℃。袁隆平急了："这对第三代杂交稻成熟有影响！"

他病重时念念不忘的，是叮嘱学生们要把杂交水稻事业发展好。"书本里长不出水稻，只有田里才长得出水稻。"这是袁隆平送给年轻科研工作者的成长秘诀——唯有实践，方不辜负真理。

这是一位科学家的本色——爱国为民、刻苦钻研、全心奉献。直到生命最后一刻，袁隆平仍在奋力燃烧自己，烛照后学。

袁隆平为中国粮食安全和解决世界饥荒作出了杰出贡献。2000 年，他荣获首届国家最高科学技术奖。十几年前，他就拿了世界粮食奖、沃尔夫奖，2019 年，习近平总书记向他颁授"共和国勋章"国家荣誉称号。此外，还有一颗小行星以他命名。

袁隆平走了，袁隆平星依然闪耀……

2017年9月29日，袁隆平在湖南湘潭河口镇的试验田中查看低镉水稻的长势。（新华社记者薛宇舸摄）

❖ "就像候鸟追着太阳" ❖

袁隆平1930年9月出生于北京，从小跟着家人过着颠沛流离的逃难生活。挨过饿，目睹过路有饿殍的袁隆平，把捧稳饭碗看得比任何事都重要。因此，20世纪50年代，由于国家粮食短缺，年轻的袁隆平从红薯育种研究教学转向了国家最需要的水稻育种研究。

1953年，从西南农学院遗传育种专业毕业后，袁隆平被分配到湖南安江农校工作。"作为新中国培育出来的第一代学农大学生，我下定决心要解决粮食增产问题，不让老百姓挨饿。"袁隆平立誓。

1956年，袁隆平带着学生们开始了农学实验，他发现，水稻中一些杂交组合有优势，认定这是提高水稻产量的重要途径。培育杂交水稻的念头，第一次浮现在他的脑海。

20世纪60年代，发现天然杂交稻株表现出明显的杂交优势后，袁隆平开始了他的研究。他提出"要利用水稻的杂种优势，首推利用水稻的雄性不孕性"的设想，并设计出整套培育杂交水稻的方案，即培育出不育系、保持系和恢复系，然后通过"三系"配套，完成杂交水稻生产。

按照这个思路，1964年，袁隆平找到了天然雄性不育株。1966年，他发表了那篇著名的《水稻的雄性不孕性》，为杂交水稻发展奠定了基础。此后，他与学生李必湖、尹华奇成立"三人科研小组"，开始了水稻雄性不孕选育计划。1970年，在海南发现的一株花粉败育野生稻，打开了杂交水稻研究突破口。袁隆平给这株宝贝取名为"野败"。

十多个省区市的科研人员聚集到海南，他慷慨地将"野败"分送给大家，又在农场支起了小黑板，给全国各地科研工作者讲课。一场轰轰烈烈的全国攻关大会战打响。

回忆起那段攻坚克难的日子，袁隆平记忆里最深刻的细节之一，是背着够吃好几个月的腊肉，转乘好几天的火车，前往云南、海南和广东等地，只为寻找合适的日照条件。他几乎住在育种基

袁隆平在作杂交水稻的学术报告。（1981 年 7 月 16 日新华社发，新华社记者王平摄）

地，卸一块门板，铺一张草席，挂一顶蚊帐，和当地农民睡在一起。两个儿子出生时，他都不在产房，而是在稻田。他回忆说，这样的经历"就像候鸟追着太阳"。

1973 年，在各国普遍认为自花授粉的水稻没有杂种优势的情况下，袁隆平带领研究组成功实现杂交水稻三系配套，育成具有根系发达、穗大粒多等优点的强优势杂交水稻。这是世界上首次育成强优势杂交水稻。

三系法成功后，袁隆平很快提出难度更大的两系法杂交稻研究。但考验再次降临，没想到启动不到两年，就遭遇当头棒喝。一场异常低温导致全国两系育种大面积失败。一时间，科研界不少人"唱衰"两系育种，研究甚至一度被相关单位和一些科研人

1988 年 1 月 8 日，被称为"杂交水稻之父"的湖南杂交水稻研究中心主任袁隆平（右）在作育种试验。（新华社记者王平摄）

员放弃。

袁隆平和全国籼型杂交水稻科研协作组重要成员顶着巨大压力，重新研究两系不育系的光温敏特性，最终找到解决方法，让两系法起死回生。1995 年，两系法杂交水稻研究取得突破性进展，大面积推广。

后来，袁隆平又提出研究兼有三系法和两系法优点的第三代杂交稻技术。

国际水稻研究所研究员谢放鸣说，中国杂交水稻一直处在全球领先的地位，拥有科研、生产和推广的绝对优势。中国杂交水稻一次又一次地实现技术飞跃，最主要的原因和关键是袁隆平。

❈ 冲刺"禾下乘凉梦" ❈

即使新的突破不断，也没人觉得袁隆平会稍作停顿。

2014 年，中国超级稻第四期亩产 1000 公斤攻关目标获得成功，创世界纪录，他不满足，提出突破国际上一些水稻专家认为的理论上水稻产量的极限——每公顷 15.9 吨，达到每公顷 16 吨（约亩产 1066 公斤）。结果，没等完成，他又有了新想法，表示对 16 吨的目标"很满意但并不满足"，"我还要向每公顷 17 吨、18 吨继续发起冲击"。等 18 吨的目标达成，2019 年 6 月，湖南杂交水稻研究中心又挂出了袁隆平亲笔签名的《科研任务告示》，提出三大目标，第一个，就是冲刺"禾下乘凉梦"，继续巩固每公顷 18 吨产量的目标。

1996 年 12 月 26 日，中国工程院院士、水稻专家袁隆平在仔细观察水稻生长情况。（新华社记者殷菊生摄）

曾有记者问袁隆平，三系法杂交稻你可以吃一辈子，为什么还要领衔后面的研究？

"我总是感到不满足。搞科学研究，不断地想攀高峰。"他回答。

袁隆平率队攀登的另一座高峰，就是将杂交"海水稻"研究作为未来杂交水稻研究的重要方向之一。2020 年 10 月，由袁隆平"海水稻"团队和江苏省农业技术推广总站合作试验种植的耐盐水稻平均亩产达 802.9 公斤，创下盐碱地水稻高产新纪录。

"我们现在有两张王牌，一张王牌是超优千号（第五期超级杂交稻），还有一张王牌，就是第三代杂交稻。"袁隆平曾告诉记者。

他说他有两个目标：一个是这两张王牌发展到一亿亩，按照每亩增产最低100公斤来算，可以增产100亿公斤。另一个目标是，"海水稻"发展到一亿亩，按照每亩增产300公斤算，可以增产300亿公斤粮食。

这位被农民尊称为"米菩萨"的科学家，总对科研成果有一套独特的表达方式——每一项技术的突破、每一亩杂交稻的推广，都会被他换算成"又能多养活多少人了"。"100亿公斤粮食可以多养活4000万人口，相当一个山西省的人口。300亿公斤是湖南省全年粮食总产量，可以多养活1亿人啊……"

袁隆平还有两个广为人知的梦想："禾下乘凉梦"和"杂交水稻覆盖全球梦"。他真做过这样一个梦。梦里，水稻长得有高粱那么高，穗子像扫把那么长，颗粒像花生那么大，袁隆平和助手坐在稻穗下乘凉。"其实我这个梦想的实质，就是水稻高产梦，让人们吃上更多的米饭，永远都不用再饿肚子。"

他相信，这些梦不只是梦。"借助科技进步，中国完全能解决自己的吃饭问题，还能帮助世界人民解决吃饭问题。"

❖ 让杂交稻技术贡献全人类 ❖

"洞庭湖的麻雀——见过几回大风浪"，这是湖南人常说的歇后语。在讲述自己的杂交水稻梦时，袁隆平曾笑言："有人说我是洞庭湖的老麻雀，但我更愿意做太平洋上的海鸥，让杂交水稻技术越过重洋。"

2017 年 8 月，马达加斯加农牧渔业部植保司司长萨乎里一行专程来到湖南长沙，为袁隆平带来一份特殊的礼物—— 一张面值 2 万阿里亚里的新版马达加斯加币，上面印着一束杂交水稻。

萨乎里向袁隆平介绍道，水稻是马达加斯加人民最重要的粮食作物，中国的杂交水稻在马达加斯加的种植面积越来越大，马达加斯加人民基本已经摆脱了饥饿，"为了感谢您，我们特地选择水稻作新版货币图案"。

这个位于非洲大陆以东、八成人口从事农业生产的岛国，气候适宜水稻生长，但水稻产量一直不高，近 200 万人面临饥荒威胁，每年需要进口大米 40 万吨。

在 2006 年的中非合作论坛上，我国承诺在非洲建立 10 个有特色的农业技术示范中心，湖南省农科院援建的马达加斯加杂交水稻示范中心是其中之一。

十几年过去，杂交水稻在当地已累计推广种植四万公顷，平均单产从原来的每公顷 3 吨左右，提升到现在的每公顷 7.5 吨。这个以稻田、稻穗入国徽的国家，靠杂交水稻，即将终结进口大米的历史。

袁隆平写于 1985 年的《杂交水稻简明教程》，经联合国粮农组织出版后，目前已发行到 40 多个国家，成为全世界杂交水稻研究和生产的指导用书。

20 世纪 90 年代，联合国粮农组织将推广杂交水稻列为解决发展中国家粮食短缺问题的首选战略，袁隆平被聘为首席顾问。

1987 年 11 月 3 日，联合国教科文组织总干事姆博（右一）在巴黎教科文组织总部向中国湖南省农业科学院研究员袁隆平颁发 1987 年科学奖证书，表彰他在研究杂交水稻方面做出的突出贡献。（新华社记者吕全成摄）

到 2016 年年底，已有 100 多个国家的 4000 多名研究人员、农业技术人员和官员到中国国家杂交水稻工程技术研究中心接受了杂交水稻技术培训。

越南的湄公河畔、印度尼西亚的苏门答腊岛、巴基斯坦的印度河平原、尼日利亚的丘陵河谷地带……杂交水稻已经推广种植和引进试种到数十个国家和地区。

因"为保障世界粮食安全和解除贫困展示了广阔前景""致力于将杂交水稻技术传授并应用到包括美国在内的世界几十个国家"，2004 年，袁隆平获得了世界粮食奖。

2010 年，时任世界粮食计划署执行总干事乔塞特·希兰撰文写道："当我在世界各地访问时，人们问我为什么如此有信心可以在我们这一代消除饥饿——这确实是我深信不疑的，中国就是我的回答。"

参考文献

徐欧露：《杂交水稻：东方魔稻》，《瞭望》新闻周刊，2020 年 12 月。

徐欧露：《袁隆平的"禾下乘凉梦"》，《瞭望》新闻周刊，2020 年 12 月。

周勉，袁汝婷：《一颗稻谷里的爱国情怀——记"杂交水稻之父"袁隆平》，新华社，2019 年 4 月 23 日，https://baijiahao.baidu.com/sid=1631566178416261562&wfr=spider&for=pc.

科学家名言

做科研不要怕冷嘲热讽，不要怕别人说你标新立异。如果老是迷信这个迷信那个，害怕这个害怕那个，永远只能跟在别人后面。只有敢想敢做敢坚持，才能做科技创新的领跑人。

——袁隆平

大科学家小故事

成功"秘诀"：知识、汗水、灵感、机遇

"有人问我，你成功的秘诀是什么？我想我没有什么秘诀，我的体会是在禾田道路上，我有八个字：知识、汗水、灵感、机遇。"2019 年 9 月 26 日，西南大学农学

与生物科技学院的同学们收到了老学长"杂交水稻之父"袁隆平的回信，信中袁隆平分享了自己成功的"秘诀"。

袁隆平1953年毕业于西南大学的前身——西南农学院。2019年9月17日，他被授予"共和国勋章"。在得知这一消息后，袁隆平母校西南大学农学与生物科技学院的同学们十分激动，在给老学长写信表达敬意的同时，大家最想问的就是袁隆平在科研道路上的成功秘诀。

西南大学农学与生物科技学院学生谭链是给袁隆平写信的发起人。她说，信件寄出后不到一个星期，回信就来了。袁隆平还在工作间隙录制了一段3分多钟的视频，与年轻的学弟学妹们分享从事农学研究数十年的心得感悟。

袁隆平说，"知识、汗水、灵感、机遇"这八个字，知识是基础，比如做遗传学的研究，专业方面的知识就要比较深厚；第二是汗水，应用科学研究要实干苦干才能实践出真知。"书本知识很重要，电脑技术也很重要，但书本上种不出水稻，电脑上面也种不出水稻，只有在试验田里面才能长出我所希望的水稻。"他鼓励同学们，要在广阔的田野上实践成才。

袁隆平还寄语同学们要做有心人。灵感是思想火花，思想火花来了要把它记好；机遇宠爱有心人，好的机遇也不能放过。"野生稻原来到处都有，不育野生稻也有，但我们是有心人，在采集过程中发现了这个机遇，找到雄性不育野生稻，就为杂交水稻研究成功打开了突破口，所以说大家要做有心人，好机会会有的，不要放过。"

吴文俊

"脑子不灵"的数学大师

· 1919.5—2017.5 ·

· 数学家 ·

· 中国科学院院士 ·

· "人民科学家"国家荣誉称号获得者 ·

· 2000 年度国家最高科学技术奖获得者 ·

2019 年 9 月 17 日，国家主席习近平签署主席令，授予 42 人荣获国家勋章、国家荣誉称号，吴文俊荣获"人民科学家"国家荣誉称号。

他被称作是"给别人饭碗的伟大数学家"，他从未获得数学界的诺贝尔奖"菲尔兹奖"，但他的成果却被 5 位"菲尔兹奖"获得者引用。他对中国数学史的开创性研究，为数学史的研究开辟了一条新的道路。

作为一位数学家，吴文俊在其黄金年龄就以"吴公式"蜚声中外，早在 1956 年，年仅 37 岁的他就获得了首届国家自然科学一等奖。之后的数十年中他一直保持着极强创造力，在数学机械化和中国数学史两个方面取得了重大突破。

就是这么一位成绩斐然的数学家，却说自己脑子"不灵"，反应慢。在他看来："做研究不要自以为聪明，总是想些怪招，要实事求是，踏踏实实。功夫不到，哪里会有什么灵感？"

❖ 师从陈省身 ❖

1919 年 5 月，吴文俊出生于上海的一个普通读书人家，当时战乱不断，难以安心读书。直到 1933 年进入上海正始中学念高中，他才开始了比较稳定的读书生涯。之后，吴文俊顺利考入了上海交通大学数学系，1940 年毕业后从事数学教育工作。在此期间，吴文俊也进行数学研究，但由于没有明确的方向，研究并不深入。

吴文俊生活简朴，他日常生活中最大的花费就是购书。图为吴文俊在家中的图书室里翻阅资料。（新华社记者吕全成摄）

　　直到 1946 年，他遇到了陈省身。陈省身是 20 世纪最伟大的微分几何学家之一，与他结识是吴文俊一生的重要转折。其时陈省身应邀回国筹建中央研究院数学研究所，带来了关于拓扑学方面的新理论，令吴文俊大开眼界。在陈省身的引导下，他很快投入到这个新领域的探究之中。

❖　攀登数学三大高峰　❖

　　就在吴文俊师从陈省身期间，美国著名的拓扑学大师施蒂费尔·惠特尼证明了对偶定律，但证明过程十分复杂，以至于他本吴文俊在交大时期。

人计划出书来阐明这个定律。吴文俊对此定律很感兴趣，全身心投入研究，仅用了一年多的时间便做出简单新颖的证明方法。

1947年，吴文俊赴法国斯特拉斯堡大学读书，两年后获得博士学位，随后在法国国家科研中心任研究员。当时正值法国拓扑学重新复兴，吴文俊在这样良好的环境中迅速成长，从事示性类理论研究。

1950年，"吴公式"发表，从入门到"吴公式"发表仅仅花费了4年时间。吴文俊成为拓扑界冉冉升起的新星，他与托姆、塞尔、保莱尔一起并称为拓扑界的"四大天王"。由于他们成绩斐然，被称为拓扑地震，使拓扑学一跃成为20世纪的数学主流学科之一。

吴文俊因此声名鹊起，各高校及研究所纷纷向他伸出橄榄枝，但他都一一婉拒了，于1951年回到祖国。

回国后他的"吴示性类""吴示嵌类"相继发表，被许多同行引用。可以说，他的研究为拓扑学的发展起到了承上启下的作用。

1956年，年仅37岁的吴文俊与华罗庚、钱学森一起荣获了首届中国科学院自然科学一等奖，这是当时科学领域的最高奖。次年，吴文俊被选聘为中国科学院学部委员（院士）。

1955 年，吴文俊在中科院数学所作拓扑学的学术报告。（新华社发）

❖ 转战中国古代数学 ❖

正如其恩师陈省身所说："他做出了划时代的贡献"。若吴文俊在这个领域继续研究，一定会有更大的成就，但他却把研究的目光转向中国古代数学，并开拓了数学研究的新天地。

吴文俊对中国古代数学有其独到的看法，他认为，中国古代数学一点也不枯燥，简单明了，与"外国式数学"相比另有魅力。

1975 年，他以"顾今用"这一笔名在《数学学报》发表了一篇文章，对中西方的数学发展进行深入比较，精辟独到地论述了中国古代数学的世界意义。

他敏锐地洞察到，中国古代数学中包含独特的机械化思想，它能够把几何问题转化为代数，再编成程序，输入电脑后代替大量复杂的人工演算。这一古为今用、中西结合的数学机械化方法被称为"吴方法"。

这是近代数学史上第一个由中国人原创的研究领域，后来被应用于多个高技术领域，甚至对解决人工智能等核心问题具有重要意义。

同时，他关注对数学史的研究，开创并引领了20世纪70年代后中国数学史的新局面，形成了具有鲜明特色的"吴文俊数学史观"。

"将来的数学应该走中国古代数学道路，而不是西方欧几里得道路"，吴文俊说，"最值得骄傲的是，中国古代数学，我把它认识清楚了"。

当有人说起数学是聪明人干的事，在数学上取得非凡成就的吴文俊就要反驳了："数学适合于笨人做的，聪明人做不合适"。他认为研究数学不能靠灵光一现，必须花"笨功夫"。

就是靠着踏踏实实做学问的劲儿，吴文俊在数学家的黄金年龄过去后仍然保持着卓越的创造力。2009年，已经90岁高龄的吴文俊开始研究世界级难题"大整数分解"。在他眼里，年纪大 ≠ 不能创新。

✧ 乐于助人的"老顽童" ✧

吴文俊有蜚声中外的成就，却保持着随和、纯真的个性，喜欢读小说、看电影。工作尽职尽责，闲暇时间却有点玩世不恭。"先生是闻名于世的数学家，也是大家心中的'老顽童'"，数学家

吴文俊研究数学的机械化证明获得重大成果。（新华社记者杨武敏摄）

黄铠这么形容他。

　　年逾古稀的他在开会间隙出去游玩，竟坐上了过山车，玩得不亦乐乎；在澳大利亚将一条蛇缠绕在自己身上；83 岁的他在泰国骑在大象的鼻子上微笑；甚至 90 多岁了，也会趁家人不注意，独自一人乘车去商场看电影，看完以后还得去喝杯咖啡……

　　2000 年，吴文俊荣获首届国家最高科学技术奖，他从奖金中拨出 100 万元设立了"数学与天文丝路基金"，用以探明近代数学的源流，支持年轻学者深入研究古代中国与沿丝绸之路国家间数学与天文交流的印迹。

　　他曾说过："不管一个人做什么工作，都是在整个社会、国家

2001 年 2 月 19 日，吴文俊在国家科学技术奖励大会上荣获首届国家最高科学技术奖，并获得 500 万元奖金。（新华社发）

的支持下完成的。有很多人帮助我，我数都数不过来。我们是踩在许多老师、朋友、整个社会的肩膀上才上升了一段。我应当怎么样回报老师、朋友和整个社会呢？我想，只有让人踩在我的肩膀上再上去一截。我就希望我们的数学研究事业能够一棒一棒地传下去。”

2017 年 5 月 7 日，吴文俊永远地离开了我们，但他的音容笑貌却留在我们心中，我们也将永远记得这个可爱的"人民科学家"！

参考文献

韩扬眉：《吴文俊：数学界的"老顽童"》，《中国科学报》，2019 年 5 月 20 日。

佘惠敏：《化繁为简 大巧若拙》，《经济日报》，2017 年 5 月 11 日。

科学家名言

做研究不要自以为聪明，总是想些怪招，要实事求是，踏踏实实。功夫不到，哪里会有什么灵感？

——吴文俊

大科学家小故事

花甲之年学计算机

20世纪70年代，吴文俊第一次接触到计算机，他敏锐地觉察到计算机的极大发展潜能。受计算机与古代传统数学的启发，他抛开已成就卓著的拓扑学研究，毅然开始攀越学术生涯的第二座高峰——数学机械化。

为了解决机器证明几何定理的问题，他年近花甲从头学习计算机语言。那时，在中科院系统科学研究所的机房里，经常会出现一位老人的身影，不分昼夜地忘我工作。有很多年，吴老的上机操作时间都是整个研究所的第一名。

正是这种日积月累、刻苦努力的"笨功夫"，经过近十年的努力，他用机器证明几何定理终于获得成功。

吴文俊开创的数学机械化在国际上被称为"吴方法"，这个完全由中国人开创的全新领域，吸引了各国数学家前来学习。此后人工智能、并联数控技术、模式识别等很多领域取得的重大科研成果，背后都有数学机械化的广泛应用。

2001
年

王 选

"当代毕昇"

· 1937.2—2006.2 ·

· 计算机科学家 ·

· 中国科学院院士 ·

· 中国工程院院士 ·

· 汉字信息处理与激光照排技术创始人 ·

· 2001 年度国家最高科学技术奖获得者 ·

2001年，中国工程院评选20世纪我国重大工程技术成就，"两弹一星"名列第一，排在第二的是"汉字信息处理与印刷革命"。

这场革命，让中国的印刷术告别了铅与火，进入了光与电的时代！

这场革命，在中国印刷史上具有划时代的意义！

正是因为它，使汉字存入电脑成为现实，让我们阅读中文报纸书籍、用手机浏览中文文字成为现实，让汉字在信息时代传承下去成为现实！

而主导这场革命的，就是被称为"当代毕昇"的王选。

❈ 枯木逢春 ❈

王选，1937年2月生于上海。1958年，从北京大学计算数学专业毕业的王选，参与研制了中国早期计算机"红旗机"，为研制这台计算机，他倾尽心血，当时正逢三年困难时期，高强度的工作和饥饿让王选身患重病。1962年，王选不得已回上海养病。

三年后，王选身体有所好转，回到北大当了一名助教，但虚弱的身体、不公的待遇只能让他做一些零碎的研究。英雄永无末路，接近不惑之年的王选，迎来了人生的重大转折。

1975年的一天，在家养病的他，从妻子陈堃銶那里听到"748工程"，即汉字信息处理系统工程。他对工程中的汉字精密照排系统子项目非常感兴趣，便开始自发研究。

通过大量研读外文资料，王选对各类照排机的结构特点和发展现状有了比较准确的把握。他意识到，汉字精密照排系统的开发首先要解决汉字字形信息的存储问题，有必要跳过光机式二代机和阴极射线管三代机，直接从西方正在研制的、采用计算机存储和激光照排技术输出的四代机入手。

在别人眼里，这个想法太疯狂了！在物质生活匮乏、计算机水平落后的年代里，很多人都觉得他在异想天开。王选不管那么多，他相信自己的选择。

很快，他的第一个挑战出现了。因为汉字信息量庞大，当时的计算机十分简陋，根本无法存储。很多学者认为，汉字永远无法进入信息时代，甚至有人认为汉字是落后的文字，应该被淘汰。

但是王选没有被现有的技术所桎梏，他反复设计和试验，研制出了用轮廓加参数的数学方法来描述汉字字形信息的技术。其中用参数这一附加信息来控制字形放大或缩小时质量的技术是世界首创，比西方的汉字信息处理技术领先了十年！他用事实证明，中国的汉字，也能像英语那样，进入信息时代，同时，他也向世界证明了中国的科技实力！

1975 年，王选和夫人陈堃銶合作，通过软件在计算机里模拟还原出汉字"人"的第一撇，陈堃銶高兴地在机房里跳了起来。

1976 年，王选带领团队成功完成了把汉字压缩信息还原成点阵的模拟实验，迈出了研制激光照排系统的关键一步。同年 9 月，"748 工程"的负责人正式选定北京大学作为系统的总体设计和研制单位。

王选与妻子陈堃銶一起查看汉字激光照排系统输出的排版胶片。（1994 年摄，新华社资料照片）

❄ 跨越"死亡谷" ❄

1979 年 10 月,英国蒙纳公司要来北京和上海举办为期两周的展览,这对正在研制样机的王选来说,无疑是一场严峻的挑战。作为世界上研制激光照排机最顶尖的公司,英国蒙纳公司当时已经推出了一款汉字照排系统,很明显,蒙纳公司想将他们的系统打入中国市场。

一想到中国的印刷行业将要掌握在外国人手里,王选寝食难安,他下定决心要在展览举办前,用我们自己研发的汉字照排系统输出一张报纸样张。于是,他带领团队拼命加快研制进度,就这样,1979 年 7 月,在蒙纳公司来中国内陆举办展览之前,我国第一张使用激光照排系统输出的八开报纸的样张终于诞生了!

当时,由于王选研制的汉字激光照排系统并不被看好,只有《光明日报》愿意报道这则消息。但令人意想不到的是,这篇报道引起了极大的轰动,王选的激光照排技术震惊了美国、日本的研究人员,最重要的是,这篇报道,让王选的研究能够继续下去,多年以后,王选对《光明日报》当年给予的舆论支持仍然念念不忘。

1980 年 9 月 15 日上午,北大项目组用激光照排系统排印的汉字图书《伍豪之剑》问世,这是中国人用自主研制的激光照排系统排印出的第一本实验样书。这本书从排版到印刷,完全是由计算机完成,而在这之前,中国印刷书籍使用的还是铅字印刷,排好一本书到出版,至少得一年。

1979 年 8 月 11 日的《光明日报》刊登了题为《汉字信息处理技术的研究和应用获重大突破》的报道。

第一张报版样张。

《伍豪之剑》。

❈ 遭遇“冷嘲热讽” ❈

作为科研人员，王选始终认为，一个应用性的研究成果不能应用到市场上是无用的。于是他加紧步伐，希望使激光照排系统尽快投入市场。

1984 年 8 月，王选主导研制的 II 型系统在新华社进行试用，但是在试用中频繁出现故障，引来众多质疑。再加上当年 10 月国际印刷业展览会在京开幕，美、英、日等国的照排机涌入国内，业内人士纷纷引进外国产品，国产系统遭到冷嘲热讽，有人说：什么“748 工程”，不如叫“气死吧”。

王选院士介绍激光照排技术。

　　在这种情况下，王选顶住了巨大的压力，1984 年年底，王选立下军令状："如果 1985 年上半年，激光照排Ⅱ型系统不能达到实际使用目的，印刷专项经费，北大全部退回！"

　　1985 年 5 月，新型"计算机—激光汉字编辑排版系统"顺利通过国家经委主持的国家级鉴定，这标志着我国的汉字激光照排系统已实现了从原理性样机到实用系统的跨越。

　　1985 年 11 月，华光Ⅲ型系统正式面世，《经济日报》第一个"吃螃蟹"。1987 年 5 月 22 日，《经济日报》所有的版面都用上了激光照排，《经济日报》印刷厂也成为我国第一家彻底废除中文铅字的印刷厂。就这样，国产激光照排系统开始在中国普及，王选向世界证明：中国的激光照排技术，一点也不输给国外！

1994 年 1 月，北大王选团队研制成功高档彩色出版系统，王选教授（左）在介绍这一科研成果。（新华社发）

❖ 科技顶天，市场立地 ❖

王选不仅有科研上的创新精神，在对市场的把握上，也颇具眼光。1991年，为了更好地与市场经济接轨，王选拿出核心技术，与北京大学新技术公司合作，推出了北大方正电子出版系统，迅速占领国内市场。到1993年，国内99%的报社和90%以上的黑白书刊出版社和印刷厂采用了国产激光照排系统，国外厂商在中国市场再无一席之地。

王选掀起的这场中国印刷技术的伟大革命，让中国印刷业有了划时代的进步。但他为人低调，经常教导年轻人，做技术，要

王选院士在指导青年科技工作者进行新技术开发。（新华社资料照片）

有长期积累和绝招，丝毫不能急功近利。

2006 年 2 月 13 日，王选，一个具有划时代意义的科学家与世长辞。挽联上，他的妻子陈堃銶用"半生苦累，一生心安"总结了他的一生。

2008 年，宇宙中有了一颗"王选星"，他的名字，被永远铭刻在了宇宙中，也永远镌刻在了中国科技发展史上！

参考文献

周程：《"死亡之谷"何以能被跨越？——汉字激光照排系统的产业化进程研究》，《自然辩证法通讯》，2010 年第 2 期。

丛中笑：《王选传》，科学出版社 2020 年 12 月版。

科学家名言

　　发展计算技术不但是国际潮流，也是国家的需要。一个人如果把自己的工作和国家的前途命运联系在一起，很有可能创造出更大的价值。

——王　选

大科学家小故事

只要你读过书、看过报，你就要感谢他

　　"正像一位网民说的那样，'只要你读过书、看过报，你就要感谢他，就像你每天用到电灯要感谢爱迪生一样。'我们现在每天看到的每一份报纸、每一本书，都用到了王老师当年研制的核心技术。"北京大学王选计算机研究所教授肖建国说，他说的王老师正是王选教授。

从1975年开始，王选教授作为技术总负责人，领导了我国计算机汉字激光照排系统和后来的电子出版系统的研制工作。当时国内科技界有一种论调说，汉字要想输入电脑只能拉丁文化，因此汉字只有被淘汰的命运。王选大胆越过当时日本流行的光机式二代机和欧美流行的阴极射线管式三代机，直接研制当时国外尚无商品的第四代激光照排系统。

肖建国清楚地记得，激光照排技术发明前，报社长期使用的是铅字排版，效率低，工人负担重，熔化铅字造成的污染也很重。正是王选教授获得多项专利的发明，引起了我国报业和印刷业一场"告别铅与火、迈入光与电"的技术革命，使我国沿用了上百年的铅字印刷得到了彻底改造，取得了巨大的社会效益和经济效益。

激光照排技术刚开始应用的那些年，王选先生曾养成一个习惯：每次出差坐飞机看报纸，他都要拿放大镜看报纸上的字，一看就知道这张报纸印刷时是否使用了北大方正的技术。后来，随着方正出版系统的技术优势和市场占有率的持续上升，这个习惯才逐渐改变了。

黄 昆

中国半导体事业奠基人

· 1919.9—2005.7 ·

· 固体物理学家 ·

· 中国科学院院士 ·

· 2001 年度国家最高科学技术奖获得者 ·

2001 年度国家最高科学技术奖授予了一位物理学家——黄昆。

黄昆，这个远离大众视线、沉寂而低调的名字第一次被人们所熟知。然而，这确是一个多次令世界物理学界产生震荡的名字。在抗日烽火中的西南联大，青年杨振宁、李政道知道黄昆是谁。杨振宁在获得诺贝尔奖后说，自己的研究方法，就是与黄昆同住一室时争论出来的。另一位诺贝尔奖得主玻恩，也知道黄昆是谁，在与黄昆合著的《晶格动力学理论》出版后，他在写给爱因斯坦的一封信中说"书稿的内容完全超越了我的理论，我能懂得年轻的黄昆以我们两人名义所写的东西就很满足了。"

在大半个世纪的人生中，黄昆始终以一种沉默的姿态，背对世事变换，孜孜不倦地追寻科学的真谛，成为中国半导体物理学研究的开创者之一，并赢得了世界的尊重。

❖ 在固体物理学领域崭露锋芒 ❖

黄昆 1919 年 9 月出生于北京，他从小聪明好学，学习成绩优异，高中三年成绩始终是全班第一。1937 年，他被保送进燕京大学物理系，并于 1941 年毕业后经金属物理学家葛庭燧介绍到西南联大攻读物理系研究生。在西南联大，黄昆、杨振宁和张守廉三人是同班同学还同住一间宿舍，分别师从吴大猷、王竹溪和周培源先生，被称为是"物理系的三剑客"。1944 年，黄昆完成了论文《日冕光谱线的激起》，获得了硕士学位，从西南联大毕业后，在中央研究院昆明凤凰山天文台任助理研究员，同年考取留英庚

黄昆 1941 年北京燕京大学毕业时留影。（新华社发）

款，于 1945 年秋留学布里斯托大学。

在布里斯托大学，他师从著名的理论物理学家、后来荣获诺贝尔奖的莫特教授，攻读当时刚刚形成学科的固体物理学博士学位。1947 年，他提出了固体中杂质缺陷导致 X 光漫射的理论，这种现象后来以黄昆的姓氏被国际上命名为"黄 – 漫散射"，黄昆在固体物理研究领域初露锋芒。

黄昆开拓性的理论研究引起了一位物理大师的注意，他就是量子力学奠基人之一、诺贝尔奖获得者马克斯·玻恩。他邀请黄昆到爱丁堡大学做交流学者，并把一本晶格动力学书稿框架交给了黄昆，希望黄昆沿着提纲写下去。当时年事已高的玻恩在学术界声名卓著，能被这位大师邀请合作，对年仅 28 岁的黄昆来讲不能不说是一件幸运的事。

但是合作并不像想象的那样顺利，两人之间出现了意见分歧。黄昆非常注重建立物理模型，因为这样有助于读者理解理论的精髓，他希望在书的前三章用一个清楚的物理图像，让刚入门的读者也能了解晶格动力学里面的基本物理问题，但玻恩并不同意。治学风格的不同，让这次颇具里程碑意义的合作面临巨大障碍。

1954年牛津大学出版社出版的《晶格动力学理论》及北京大学出版社出版的中译本。（中科院半导体研究所供图）

最终黄昆在科学上的创建和执着说动了玻恩，玻恩做了让步，书稿按照黄昆的建议加上了三章引言。

1954年《晶格动力学理论》由牛津大学出版社出版后，成为该分支学科的基本理论著作，是该领域科学工作者的必读之书。事实也证明，黄昆与玻恩据理力争加上的这三章带有自己理解的内容，也是最受读者欢迎的。

这段时间，黄昆还连续做出了两项开拓性的学术贡献：一项是1950年，他同夫人艾夫·里斯（李爱扶）合作，首次提出多声子的辐射和无辐射跃迁的量子理论。该理论与苏联佩卡尔发表的有关辐射的理论，被国际学术界称为"黄-佩卡尔理论"或

"黄 – 里斯理论"。

另一项是 1951 年，黄昆首次提出晶体中声子和电磁波的耦合振荡模式，为 1963 年国际上拉曼散射实验所证实，黄昆所提出的运动方程，被国际上称为"黄方程"。黄昆在固体物理学发展史上树起了一块块丰碑，奠定了他在固体物理学界巍峨昆仑般的地位。

❖ 焕发科研第二春 ❖

1951 年，他怀着振兴中华、报效祖国的殷切心情，放弃有可能获得重大成就的机遇和国外优越的生活条件，满腔热忱地回到自己深爱的祖国，任教于北京大学物理系。

1956 年，北京大学、复旦大学、厦门大学、东北人民大学（吉林大学前身）和南京大学联合在北京大学物理系创办了我国第一个半导体专业，黄昆任半导体教研室主任。该专业培养的学生，大多数成为我国半导体和集成电路的科研骨干，因此学界也将这个专业称为"半导体的黄埔军校第一期"。

中国科学院院士王阳元正是半导体专业的第一批学生，他说："黄昆先生讲课的特点就是物理概念清晰，语言精练，逻辑严密，我们听课就是一种享受。"

1977 年，58 岁的黄昆调至中国科学院半导体研究所任所长，重新开始科研工作。他认为既然身在研究所，自己就必须在科研第一线工作，他十分重视全所学术水平的提高，在组织全所科研人员完成国家任务的同时，他亲自给研究人员讲课，组织全所

黄昆和博士研究生王炳燊一起探讨问题。（1986 年 9 月 13 日新华社发，新华社记者袁汝逊摄）

学术交流。

在黄昆的主持下，科研人员针对国际上在超晶格理论存在的疑难问题重新开展了研究，1988 年，黄昆与朱邦芬合作建立了"黄－朱模型"，解决了超晶格领域存在 20 多年的难题，做出了对现代光电子产生深远影响的原创理论，并推动了相关领域的发展。黄昆又一次站在了国际固体物理学的最前沿，成为引领中国科技创新的旗帜。在黄昆的带领下，1989 年半导体研究所成功组建了半导体超晶格国家重点实验室，开创了我国在材料科学和固体物理学等崭新领域的研究工作。

从 1945 年到 1951 年，黄昆在英国求学的五六年间接连取得创新性的重大成果，再到开创第二个科研春天，提出"黄-朱模型"，谈到这两个重大时期，黄昆说："年轻时我的工作特色鲜明，但是没有再往下深入；后来在深度上比以前要好，解决复杂性质问题的能力要比年轻时强。"

✬ "从第一原理出发" ✬

刚上中学时，在伯父的要求下，黄昆除作业外还要去做数学书上所有题目，"不仅使我数学很熟练，也产生了很大的兴趣"。忙于自己做题的黄昆很少去看书上的例题，"这一偶然情况有着深远影响，使我没有训练出'照猫画虎'的习惯。"

1995 年 12 月 26 日，黄昆在中科院半导体所学术报告厅与研究生谈"做人之道与治学之道"。（新华社发）

长期和黄昆合作研究的朱邦芬院士回忆，黄昆每研究一个问题，每评阅一篇论文，喜欢"从第一原理出发"，即先不看已有文献，独立地从最基本的概念开始。

谈起创新，黄昆这样评价自己：

"我文献看得比较少，因为那样容易被人牵着鼻子走，变成书本的奴隶。自己创造的东西和接受别人的意见，对我来说，后者要困难得多。学别人的东西很难，而自己一旦抓住线索，知道怎么做，工作就会进展很顺利。"

"我喜欢与众不同，不喜欢随大流。如果跟着大家做，就没有什么意思。"

正是这种治学风格，使黄昆在学术上屡屡攻城略地，一系列以他姓氏命名的"黄"理论就是例证。

黄昆认为，对做科学研究工作的人来讲，归根结底在于创造知识。自己创造性地去解决科学问题，就可以得到最大的愉快。他说："创造知识，就是要在科研工作中有所作为，真正做出点有价值的研究成果。为此，要做到三个'善于'，即：要善于发现和提出问题，尤其是要提出在科学上有意义的问题；要善于提出模型或方法去解决问题，因为只提出问题而不去解决问题，所提问题就失去实际意义；还要善于作出最重要、最有意义的结论。"

黄昆还认为从事科研工作"光有一定的科学基础和兴趣还不行，还要有一定的能力"，当然这种看法也"不能过分强调，我年轻时在国外一起学习工作的人有几个都得了诺贝尔奖，他们就不一定都有特别的才能"。

1974 年，黄昆、邓稼先、黄宛、周光召、杨振宁（从左至右）游览北京颐和园时合影。（新华社资料照片）

2002 年，黄昆获得了年度感动中国人物称号，颁奖词中是这样写的：他一生都在科学的世界里探求真谛，一生都在默默地传递着知识的薪火，面对名利的起落，他处之淡然。他不仅以自己严谨和勤奋的科学态度在科学的领域里为人类的进步做出卓越的贡献，更以淡泊名利和率真的人生态度诠释了一个科学家的人格本质。

2005 年 7 月 6 日，黄昆因病在北京逝世，享年 86 岁。

"渡重洋，迎朝晖，心系祖国，傲视功名富贵如草芥；攀高峰，历磨难，志兴华夏，欣闻徒子徒孙尽栋梁"。这是北京大学物理系师生在他 70 华诞时赠送的一副对联。这 38 个字浓缩了黄昆的一生。

参考文献

沈路涛，李斌：《"真人"黄昆》，新华社，2002 年 2 月 2 日，https://tech.sina.com.cn/o/2002-02-03/102126.shtml.

李斌，周婷玉：《不负凌云万丈才——黄昆追思》，新华社，2005 年 7 月 14 日，http://news.sohu.com/20050714/n226313330.shtml.

李斌，沈路涛：《直面黄昆 60 分钟　国家最高科技奖得主"对话"记》，新华社，2005 年 2 月 5 口，http://www.cas.cn/zt/jzt/yszt/zyhkys/rs/200507/t20050717_2671476.shtml.

科学家名言

乐趣从何而来？第一，你要有问题要解决；第二，你确实有办法去解决它，而且这个办法不是很明显，是你自己创造性地去解决科学问题，就可以得到最大的愉快。

——黄　昆

大科学家小故事

中国有我们和没有我们，makes a difference

1941 年黄昆从燕京大学物理系毕业，经金属物理学家葛庭燧介绍到西南联大攻读物理系研究生。在西南联大，黄昆、杨振宁和张守廉三人是同班同学还同住一间宿舍，分别师从吴大猷、王竹溪和周培源先生，被称为是物理系的"三剑客"。那时的他们都年方二十出头，三人学习思考风格迥异，但都是绝顶聪明的人，总是喜欢纵论天下、互相辩论，而爱较真儿的黄昆往往将话题引向极端，引发无休止的争论。"正是这些争论，使我找到了科研的感觉。"杨振宁说。除了争论，他们之间还有互相勉励。

1951 年，正在修改玻恩交给他的书稿的黄昆，收到了恩师饶毓泰的来信，邀请他到北京大学物理系担任教授。本就归国心切的黄昆立刻决定回国，尽管玻恩一再挽留，也没能把他留下来。回国后，他立即赴北京大学物理系任教授，开始了长达 26 年的教学生涯。

黄昆回国更大的因素是自己的良心和对祖国的热爱。黄昆感到中国要想发展科学，融入世界轨道并走上前沿，必须要有莫特这样的"万人敌"式的人物。

他曾在给杨振宁的书信中写道："我每看见 Mott 一个人所有的 influence，就有感想。真是所谓'万人敌'的人，他由早到晚没有一刻不是充分利用。""我们衷心还是觉得，中国有我们和没有我们，makes a difference。"

黄昆认为中国若能出现几个像莫特这样的科学家，那还是很不一样的。做不到万人敌，却可以做到万人师。黄昆就是在做这两件事——学习世界先进科学，同时教书育人。

2002 年

金怡濂

"神威"总设计师

· 1929.9—·

· 中国高性能计算机领域专家·

· 中国工程院院士·

· 中国巨型计算机事业开拓者·

· "神威"超级计算机总设计师·

· 2002 年度国家最高科学技术奖获得者·

1999 年 9 月 30 日，我国 50 周年国庆大典前夕，北京城阴雨绵绵，大家不禁担忧：次日国庆典礼时天气如何？能否保证阅兵的顺利进行？

为此国家气象局使用"神威"计算机进行数值运算，算出当天北京的天气：清晨 5 时雨会停，3 个小时过后将云开雾散。

在天安门广场盛况空前的国庆阅兵典礼现场，当太阳如期露出笑颜，受邀参加观礼的"神威"总设计师金怡濂也笑了……

❄ 鹏程飞渡，蓄力攀登 ❄

1929 年 9 月，金怡濂出生在天津的一个知识分子家庭，父亲是留学美国的工程师，母亲是知书达理的大家闺秀。

金怡濂成长在一个动荡的时代，父亲常常告诉他们，中国虽然暂时穷困，但中国人非常聪明，只要下功夫、肯努力，开动脑筋，外国人能办到的事情，中国人也一定能做到。父亲的话长久地留在他的脑海中，对他以后的治学生涯产生了莫大的影响。

至今他仍记得，一次父亲带他去电话局的机房，满屋子嘀嗒作响的机器让他觉得复杂又神奇。自那时起，他就朦胧地有了长大后像父亲一样当个工程师的想法。后来，日军侵华，天津沦陷，他想当工程师的理想逐渐转化为"科学救国"的志向。

1947 年，金怡濂从天津耀华中学毕业，以优异成绩考入清华电机系。《耀华年刊》中对他的评价是"躯颀长性颖悟，事物过目辄了，办事理若区白黑，思想敏捷，数理尤精，且言出行随，疾青年时期的金怡濂。

如闪电，抑君之鹏程飞渡，亦疾如闪电乎"。12 年的耀华生涯，培养了他对理科的兴趣和偏爱，为他以后事业的起飞做了良好的铺垫。

当时的清华电机系课程设置先进，师资力量强大，有多位世界知名教授。大学四年，金怡濂珍惜来之不易的机会，学习勤奋刻苦，成为一名品学兼优的高才生。

1956 年，电子计算机被列入我国科学技术发展十二年远景规划重点发展学科，成为"四项紧急措施"之一。不久后，20 个年轻人被选派赴苏联学习计算机研制，时年 27 岁、风华正茂的金怡濂幸运入选。从此，金怡濂与计算机结下了不解之缘。

❖ 大胆假设，小心求证 ❖

发展中国的巨型计算机事业，使之在世界巨型机领域中占有一席之地，这是金怡濂魂牵梦萦的追求。他非常珍惜难得的留学机会，全身心地投入学习之中。

1958 年他学成回国，开始了缘定一生的巨型机事业追求。

科学需要严谨,同样需要创新。20世纪90年代初,在国家并行计算机工程技术研究中心召开的"神威"机研制方案论证会上,主持会议的领导同志提出:能否跨越百亿次的高度,直接研制千亿次巨型机?

会场一时鸦雀无声。当时,中国研发的巨型机运算速度刚刚达到十亿次。这个指标太超乎想象,而风险也实在太大。

一般很少在公众场合露面的金怡濂说话了,他一开口便语出惊人:我们完全有能力造一台千亿次巨型机!而且必须跨越,否则就被世界越甩越远!一锤定音。最终金怡濂的意见被采纳,他被任命为总设计师。

"冒险和求实,是一个问题的两个方面。认真地去分析这件事究竟能不能做,既不能畏首畏尾,也不能盲目冒险。"金怡濂说,他支持直接研制千亿次巨型机绝非一时冲动,而是反复研究国外同行的成果近一年后得出的结论。

这大胆的假设,是他多年来一点一滴的积累。20世纪70年代,他主持研制了国内首台双处理器结构的大型计算机,参与组织领导了我国首台标量亿次巨型机的研制,主持从工程上实现了多处理并行的体系结构。80年代中期至90年代初,他领导开展我国第一台十亿次巨型机的研制,确定了采用国际通用处理器、向大规模并行计算机发展的研制路线,使该机研制完成时达到了世界先进水平。

目标既定,就是没日没夜的努力。他以科学家的睿智和眼光,创造性地融合国际上多种先进设计思想,大胆采用了超前、创新的体系结构，又经过毫不松懈的细节排查、反复求证，终于功夫不负有心人，1996年9月，"神威"研制完成。经测试，峰值运算速度达到每秒3120亿次，跨入国际领先行列。

✧ 艰苦跋涉，再攀高峰 ✧

在"神威"成功后，金怡濂又主持了"神威Ⅱ"的研发。他带领团队，向世界最先进水平发起了又一轮冲击。这次，他们的目标更明确，就是一定要在出机时达到世界第一。

在"神威Ⅰ"的基础上，金怡濂提出了以超三维格栅网为基础的可扩展共享存储体系结构与消息传送机制相结合的总体创新构想。他用"神威Ⅰ"建立模拟环境，对新机型展开20天的监测，开创了用上一代巨型机模拟新一代巨型机的先河。而且，用液冷代替风冷也是金怡濂在"神威Ⅱ"上的一大创新。

这次攻关，技术难度空前，研制工作多次受挫，印制大底板一直到最后一年才完成零缺陷的"金板"，随后又出现冷却水管堵塞、路由器件管脚断裂……

不知经过了多少不眠之夜，

金怡濂站在"神威"超级计算机前。

多少次梦中惊醒，他的团队最终打破重重难关，迎来了胜利的曙光。

2001 年，金怡濂领导设计的"神威 II"巨型计算机运行速度达到 13.1 万亿次。无论从峰值速度，还是持续速度，均超过了当时世界上性能最高的计算机。

江泽民同志视察"神威 II"时，现场题词道，"与时俱进，再攀高峰"。这幅题词，正是金怡濂一生践行科学精神的高度概括。

2010 年 5 月，天上又"多"了一颗星：金怡濂星，国际永久编号"100434"。这颗小行星以 2002 年度国家最高科学技术奖得主、中国工程院院士金怡濂的名字命名。

✧ "神威"精神，大家风范 ✧

有人说，金怡濂对人才培养的贡献，不亚于研制一台"神威"机。

担任"神威"的总工程师时，他对年轻人照顾有加，非常乐于听取年轻人"天马行空"的创新想法，有时候还会带一些巧克力给大家，在技术攻关进入关键阶段，为大家打气、加油。

"研制一代机器，造就一批人才"，是他一生恪守的人才培养原则。他常说，计算机是年轻的学科，也是年轻人的事业。多年来，他不遗余力地培养新人，提拔和扶植了一批计算机工程技术的青年专家。他们中多人成为中国科协"求是"实用工程奖、中国青年科学家奖的获奖者，有的成为工程院院士。

他以博大的胸怀和广阔的视野，打破用人论资排辈的观念和做

2003 年 2 月 28 日，2002 年度国家最高科学技术奖得主金怡濂在北京人民大会堂举行的中国科学技术奖励大会上发言。（新华社记者樊如钧摄）

金怡濂院士在查阅资料。

法，不拘一格，唯才是举。他委任的 50 个主管、副主管设计师平均年龄只有 28 岁，这在当时我国大型计算机研制工程中绝无仅有。

他从不居功，获得国家最高科学技术奖、笼罩在光环之下时，他淡淡地说，是党和国家的事业成就了自己，是母校的师长培养了自己，是"神威"这个英雄团队托举了自己。

尽管金怡濂已年逾九旬，关注、支持下一代巨型机的发展，仍是他每天生活的重心。

参考文献

吴昊：《金怡濂："中国速度"缔造者》，《科学新闻》，2012 年第 6 期。

余玮：《金怡濂：较量天公逞"神威"》，《科教文汇》，2005 年第 2 期。

张慧：《金怡濂院士："巨型机之父"的朴素人生》，《今日科苑》，2017 年第 3 期。

科学家名言

我们必须跨越，否则将被世界越甩越远。

——金怡濂

大科学家小故事

哪怕是一个焊点、一枚螺丝钉也要体现世界水平

在我国巨型计算机研发早期，有一件事，让金怡濂刻骨铭心。国家通过艰难的谈判终于花巨资从国外进口一台巨型计算机，却同时还要花钱从对方雇来两个"监工"，不仅怎么用，用在哪儿都要受到严格控制，甚至连开、关机器这样的小事，也得由"监工"亲自来做才行。

高科技领域的竞争向来就是没有硝烟的战场，落后就要挨打，就要受制于人。邓小平 1979 年的一句话说得十分明白："中国要搞四个现代化，不能没有巨型机！"

像被点燃的火炬，金怡濂熊熊燃烧。20 世纪 70 年代后期，他和其他科学家一起主持完成了多机并行计算机系统的研制，取得了我国计算机技术的重大突破；80 年代中期，他解决了 240 台处理机互连的难题，实现了我国巨型机向大规模并行处理方向发展，由此开始了我国巨型机研制与国际同步发展的新阶段；90年代，他受命擎起"神威"的帅旗，鼓足力气，向更快的速度发起冲击。

当时国内十亿次巨型机已经问世，参与项目的科技人员甚至排队买菜时都在争论：搞200亿？500亿？但金怡濂已不满足常规的发展，他语出惊人地提出，我们完全有能力造千亿次巨型机！

"我们必须跨越，否则将被世界越甩越远。"这是他甘冒风险、自找苦吃、挑起重担的内在动力，而多年来不断跟踪前沿技术，提出一系列创新性技术理念和手段，使直接攀升千亿次成为可能。

花甲之年的金怡濂决心站在世界巨型机的潮头打造"神威"。"我的要求，哪怕是一个焊点、一枚螺丝钉也要体现世界水平"。为此，他甚至不惜在研制过程中3次调整方案，不断提高"神威"的关键技术指标，第3次调整时，已经到了预定出机的最后阶段。

经过24个课题组、近百名科研人员呕心沥血、历时数年的艰苦努力，"神威"高性能计算机系统终于宣告成功。每秒3840亿次的速度，使它一举闯进世界高性能计算机的前列。

2003 年

刘东生

"黄土之父"

·1917.11—2008.3·

·第四纪地质学、环境地质学家·

·中国科学院院士·

·2003 年度国家最高科学技术奖获得者·

80 岁上下，探索的足迹仍遍布南极、北极和青藏高原等"地球三极"；60 年潜心研究，在黄土研究方面取得了大量的研究成果，被誉为"黄土之父"；平息 170 多年来的黄土成因之争，建立了 250 万年来最完整的陆相古气候记录……

他就是刘东生，2003 年度国家最高科学技术奖获得者。

❄ "把黄土看成自己的生命" ❄

1917 年 11 月，刘东生出生于辽宁沈阳的一个普通铁路工人家庭，父亲非常重视刘东生的教育，送他去当地最好的小学读书，又鼓励他考上南开中学。高中毕业后，他免试直接进入了位于昆明的西南联合大学。

在西南联大，刘东生在机械专业学了近一年。一天，他在《益世报》上看到一篇有关"论抗战和乡土的研究"方面的文章，这篇文章改变了他对自己专业的定位。"这文章是我后来的老师、中国古脊椎动物学专家杨钟健写的，文章讲：只有了解自己的家乡，才能谈得上热爱自己的家乡。热爱家乡才有抗战热情，爱国就是爱自己的家乡。"这篇文章给刘东生启发很大，他想，自己从沦陷区跑到大后方，便是出于爱国，爱自己的家乡。"家乡的山山水水必须认识它，你通过什么认识呢？那就是地质学。通过地质去认识家乡的美好，山是怎么形成的，水是怎么变化的。"为此，刘东生萌生了转专业的念头。云南秀丽的风景也使刘东生对地质学产生了浓厚的兴趣，于是他放弃学习机械，改学地质学。

1999年9月初，82岁的刘东生到宁夏南部贫困山区——固原县河川乡上黄村考察。（新华社记者刘泉龙摄）

　　1942年，刘东生从西南联合大学地质学专业毕业。回忆起西南联大，刘东生曾自豪地说：西南联合大学的师资阵容是全国首屈一指的，许多中国现代史上著名的政治家、文学家、科学家，都曾给学生们上过课，可谓大师云集。刘东生在这个摇篮里锻造自身，通过细嚼慢咽式的、蚂蚁啃骨头式的精读苦读，获得了扎实的理论基础。

　　新中国成立初期，我国的地质工作者加起来不足150人，再加上当时我国地质科学又偏重于古生物的研究，使地质工作难以适应国家建设的迫切需要。为实现地质研究的转型，很多地质工作者响应国家号召，参加了三门峡水库、龙羊峡水库的坝址及金、铜、镍矿的勘探工作。1954 年，刘东生第一次参加了对黄土高原的研究考察，时年 37 岁的刘东生第一次投身到他始终为之倾心的黄土。

"枯燥？不！因为经常有新发现，其中的乐趣难以形容。黄土地是我们世世代代休养生息的地方，它是一个巨大的地质文献库，隐含着地球环境变化的各种信息，它像一把钥匙，能够解开无数的谜。"刘东生曾在一次采访中说，对于科学工作者来说，每次新发现都是非常有意思的事。

话虽这么说，其实与刘东生相处已久的中国科学院地质与地球物理研究所的同事们都明白，除了兴趣之外，那份责任、执着，在他多年的黄土研究中更是不可或缺。刘东生老伴胡长康的评价可能更"权威"："他为人老实，就是想着干活，多做些工作。我们曾经在南京住了七八年，可周围的景点从来没去过。"

"他把黄土看成自己的生命。"与刘东生接触过的人常常发出这样的感慨。他的同事们记得：在 20 世纪 50 年代，刘东生等人穿越黄土高原从南到北，从东到西，完成 1000 多公里的剖面研究，吃住都在野外，且全是步行；刘东生带队从北京开车去西部进行野外考察，每天早上 6 点起床，夜里还要召集开会，研究问题；在长白山考察，天气恶劣，学生们草草画完图就跑到车里，可等了半天也不见老师回来，原来他仍在仔细画图、记录；他为了观察一个现象，弄清某种性状，攀爬一二十米高的黄土峭壁。甚至在一次野外考察中骑马过河时，连人带马摔倒在水中，考察所用的相机被冲下了瀑布，刘东生抓住了岸边的巨石才捡回一条命。

"任何科研都会有挫折，黄土研究不会例外，但刘先生执着的

1964年5月，中国登山队科学考察人员在西藏定日县采掘出巨型古脊椎动物化石。左起第三人为中国登山队科学考察队副队长、地质学家刘东生。（新华社记者马竞秋摄）

1964年5月，地质科学工作者刘东生（左）等在观察研究希夏邦马峰的地质情况。（新华社记者马竞秋摄）

科学追求、扎实的学风给我们留下深刻的印象，他的成就与这种持之以恒的精神密不可分。"刘东生的学生、也是他的同行郭正堂研究员说。正是饱含这种脚踏实地、一丝不苟的学术精神，刘东生的学术生涯结出了累累硕果。

❖ 突破黄土万年之谜 ❖

2002 年 4 月 12 日下午，美国南加州大学报告厅。刘东生登上领奖台，捧取有"环境科学的诺贝尔奖"之称的世界环境科学最高奖"泰勒环境奖"奖牌。一刹那，整个会场爆出热烈的掌声。

刘东生院士在美国南加州大学戴维森会议中心做报告。（新华社记者张小军摄）

刘东生的儿子刘强也参加了颁奖典礼。刘强回忆："当美国政要和诸多著名科学家都站起来长时间鼓掌、祝贺他时，我感到从未有过的自豪。颁奖结束时，100 多人排着长队与他握手。我这些年在国外，没有见过这种场景。他虽然没有留学经历，也没有在国外工作，他把事业扎根于中国，做出了世界级的科研成果，开展了广泛的国际交流，获得了国际最高荣誉，也为中国的科技工作者赢得了崇高的声誉。"刘强说。

"国际著名，深受尊重"，"他的研究在国际学术界所受到的尊重，无论怎么评价都不为过"，国际同行对刘东生这样的评价是否恰当？当人们了解他的成就之后，心中自有定论。

1804年以来，国际上对于黄土的成因存在两种学说——"风成说"和"水成说"。从20世纪50年代起，刘东生对黄土高原进行了大量的野外考察和实验分析，完成了《黄河中游黄土》《中国的黄土堆积》等多部专著，提出了有重要突破的"新风成说"，把风成沉积作用从黄土高原顶部黄土层拓展到整个黄土序列，并把过去只强调搬运过程的风成作用扩展到物源—搬运—沉积—沉积后变化这一完整过程。这平息了"风成""水成"之说，为全球变化研究奠定基础。

1909年国外学者提出的四次冰期理论，主导了20世纪前半叶的古气候学研究。1958年，刘东生根据黄土与古土壤的多旋回特点，发现第四纪气候冷暖交替远不止四次，对经典的四次冰期理论提出挑战，最终建立了环境变化的多旋回理论，成为全球环境变化研究的一个重大转折。

20世纪80年代，刘东生基于中国黄土重建了250万年以来的气候变化历史，使中国黄土成为古气候变化记录的最重要档案库，与深海沉积、极地冰芯并列成为全球环境变化研究的三大支柱，由此拉开了将中国黄土纳入研究全球环境演化框架的序幕，为全球气候变化研究做出重要贡献，为国际科学界所信服。

在 2002 年度"泰勒环境奖"的颁奖典礼上，评审委员会成员科恩教授是这样描述我国黄土沉积这一独特地质现象的历史价值的：正如人类文明的兴衰更替为我们留下了浩如烟海的历史遗痕，自然界沧海桑田的环境变化也在地球上刻下了三本完整的历史大书，一本是完整保存古环境变化信息的深海沉积，一本是系统反映气候变化的极地冰川，而第三本书则是中国的黄土沉积。这三本"书"是我们认识地球上自然历史、气候、生物变迁的最佳文献档案。以刘东生为代表的中国科学家的卓越贡献就在于在黄土研究方面提供了古环境地质气候变化的信息。

✦ 穿梭在地球"三极" ✦

1964 年以后，刘东生还致力于青藏高原隆起与东亚环境演化研究，把青藏高原研究同黄土高原研究结合起来，把固体岩石圈的演化同地球表层圈的演化结合起来，开辟了地球科学一个新领域。20 世纪 90 年代以来，地球系统各圈层相互作用已成为国际学术界的研究热点。

刘东生曾多次踏上青藏高原，他的相当一部分科考工作就是在被称为"世界第三极"的青藏高原完成的，他曾说："青藏高原是至今许多科学家思想的发源地。"在从事地质科学研究 60 余年中，刘东生的足迹踏遍全国。

73 岁时，他还去了南极实地考察；79 岁时，去了北极实地考察。令世人瞩目的地球三极，刘东生都到了，而且是在年迈之际

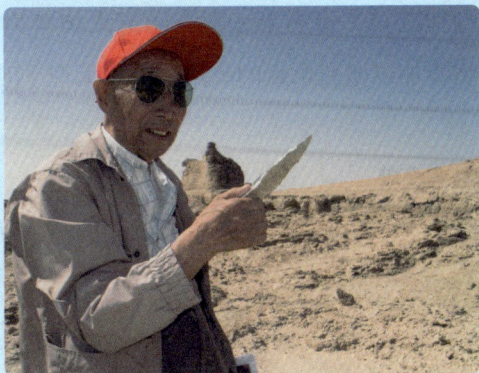

2004 年 9 月 6 日，已 87 岁高龄的刘东生院士仔细观察一块罗布泊地区的岩石。刘东生院士是当时中国进入罗布泊地区实地考察年龄最长的学者。（新华社记者张鸿墀摄）

实现了他的极地之梦。有人问他为什么不恋北京恬适的生活，继续做出一个个惊人的壮举，其内在的驱动力是什么？刘东生的回答是，"自己喜欢实地踏访，这也是由所从事的学科特点决定的。此外，也为了掌握更多情况，便于同外国同行进行学术交流"。

在计算机普及的今天，新技术不断出现在教学中，一些年轻人注重计算机技术，出现轻视野外工作的倾向。刘先生却比过去更加注重野外实习课，在他的课程中，他经常提议带学生去周口店、马兰台地等地实习，对年轻人的触动很大。刘东生认为，"不论技术如何进步，野外调查都不可忽视"。

他常告诫研究生，"不要轻易放过一个地质现象，因为它是过去地质时期留下的痕迹和证据，是科学研究的重要素材。"

为了褒扬刘东生对人类科学的贡献，2008 年 11 月 13 日，国际天文联合会小天体提名委员会批准，正式将一颗小行星命名为"刘东生星"。从此，"刘东生星"每天都在太空翱翔。每当后继者仰望苍穹，追思老一辈科学家人格魅力和学术造诣，仰贤自省，将更加以坚毅求真的品格，做出无愧于时代的贡献。

参考文献

张景勇：《黄土之恋——记国家最高科技奖得主刘东生》，新华社，2004 年 2 月 20 日。

余玮：《刘东生：穿行在黄土科峰的"无人区"》，《中国信息导报》，2004 年。

王静：《把"变迁"印在学生心头——刘东生的教学风范》，《科学时报》，2008 年 3 月 10 日。

王静：《无言的教诲——儿女心中的刘东生》，《科学时报》，2008 年 3 月 10 日。

科学家名言

对于科学工作者来说，每次新发现都是非常有意思的事，其中的乐趣难以形容。如果没有兴趣就不做了。

——刘东生

大科学家小故事

终于尝到了罗布泊的味道

"终于尝到罗布泊的味道了。"87 岁的刘东生院士，不让任何人搀扶，尽他最大的努力蹲下、弯腰，几乎是趴在了罗布泊钾盐矿的露天卤水池边，双手掬起一捧水，送到唇边品尝，禁不住喃喃自语："好咸啊！这就是罗布泊的味道。"咸水从指缝中漏下，他再去捧水，抚摩水中凝析出的盐花。

"真好！真好！太好了！在罗布泊里找钾盐，凝聚了多少科学家的心血，现在我们终于看到了成就。"刘东生院士不断把手指放在唇边，品味含着钾盐的咸水。

这是他数年来的执着心愿。

2004年9月4日，科考队13个小时连续行车，行程320公里，晃得筋疲力尽的科考队员途中问怎样。刘东生院士说："一路哪个地方我都是第一次来，一路走就是在一路学习，都新鲜，也就不觉得累了。"

9月5日，科考队去龙城雅丹地貌区采集土样，刘东生院士拿起一把地质锤，一步步沿着缓坡面走上高约20多米的雅丹，同时挥舞着锤子凿土分析土层剖面。他不要人扶，"我担心锤子会伤着你们"。

每一处停车驻足的地方，他会拿出一个本子，用笔细致地勾勒和描画眼前的景观，"我这是受到当年瑞典探险家斯文·赫定的影响，一路作些速写记录，有助于记忆。"

土黄色的夹克衫下，刘东生院士脊背微驼，从有些空荡的裤管不难发现他的瘦弱，但是，没有人敢因此而低估他言语的分量，尽管他声音不高，语速低缓。"研究认识过去的目的是为了了解未来，搞清罗布泊的过去，对这里的未来气候、环境变化就能有个比较准确的预测，将来制定发展规划就有依据。"

王永志

一生干了三件事，三件事干了一生

· 1932.11 —·

· 中国工程院院士 ·

· 中国载人航天工程首任总设计师 ·

· 载人航天功勋科学家 ·

· 2003 年度国家最高科学技术奖获得者 ·

"这是全体航天人的荣誉，我是代表他们来领这个奖。"当获得 2003 年度国家最高科学技术奖时，航天技术专家、中国载人航天工程开创者之一王永志说出了自己的心里话。半个多世纪里，他先后参与或主持过多种新型导弹、运载火箭的研制，见证和实现了中国航天一次次创举。"这些年来我一直处于很兴奋的状态。载人航天是一项历史使命，使命高于一切，党中央、全国人民都寄予了重托。"

为了肩上的重托，王永志人生的很多时候也像是火箭发射一样，为了瞬间的成功要付出漫长的等待，过程也充满艰辛。

他曾经说过，他这一生按组织安排干了三件事，三件事干了 54 年。"前二三十年，主要是研制战略导弹、从事国防建设，接着又研发大推力长二捆运载火箭，后来就发展载人航天技术，把中国人送上太空。"

❖ 与中国航天命运相连 ❖

1932 年 11 月，王永志出生在辽宁昌图县的一个农民家庭，家人省吃俭用，让他有机会到镇里的小学念了几年书。抗美援朝时候，王永志正在沈阳读高中，美国的飞机经常在辽东半岛骚扰空袭，根本无法安心学习，学校为了安全也暂时停课。当时战况很惨烈，王永志的初中同学有参加志愿军的，可还没等过鸭绿江，就遭到美国战机轰炸，壮烈牺牲。之前还是朝夕相处的同学，转眼就为国捐躯，当时王永志感觉，落后就要挨打，有国无防是万万不行的。抱着"不让人欺负"的目标，王永志考入了清华大学航空系。1957 年，王永志迎来人生的一大转折，他被选为公派留学生，到莫斯科航空学院学火箭导弹设计。从此，王永志的命运与中国航天紧紧相连。

✤ 研制战略导弹 ✤

1961 年，王永志本科毕业，他毫不迟疑地选择回国，他知道祖国急需人才，正等着他们回去参加建设。那时正是中国的导弹开始研制之时，王永志被分配到国防部五院一分院（即后来的中

1962 年王永志（右一）与技术人员研究改进东风二号设计方案。

国运载火箭技术研究院）总体设计部工作，从我国最初自行设计的近程导弹起步，开始了他的走向太空之路。

1964 年 6 月底，王永志走进戈壁滩，执行发射中国自行设计的第一枚中近程导弹任务，这时他年仅 32 岁。由于当时的戈壁滩骄阳似火，天气特别炎热，试验发射时，导弹射程不够，打不到落点。

专家们都在考虑，怎样再给导弹肚子里多添加点推进剂，可无奈导弹的燃料贮箱有限，再也"喂"不进去了。正当大家绞尽脑汁想办法时，王永志说："戈壁滩天气炎热，对推进剂密度有影响。导弹发射时推进剂温度高，密度就要变小，发动机的节流特性也要随之变化。经过计算，要是从导弹体内泄出 600 公斤燃料，这枚导弹就会命中目标。"

在场的专家几乎不敢相信自己的耳朵，认为是天方夜谭。有人不客气地说："本来导弹射程就不够，你还要往外泄燃料？"于是再也没有人理睬他的建议。王永志并不就此甘心，他眼看导弹不能及时发射，情急之下，胆子也大了，他想起了坐镇酒泉发射场的技术总指挥、大科学家钱学森。于是，年轻气盛的王永志鼓起勇气敲响了钱学森的房门。

当时，钱学森还不太熟悉这个突然站在面前的年轻人，很客气地请他坐下，让他慢慢说。王永志汇报了自己对火箭加注燃料的分析，并提出了计算结果，是从弹体里泄出 600 公斤酒精推进剂，可以使导弹达到预定射程。钱学森听得很认真，并不时向他提出问题。听完汇报后，钱学森脸上露出了笑容，说："行，我看这个办法好。"

王永志没想到这位令他崇拜的科学大师竟能果断拍板支持自己的意见，感到非常激动。但王永志非常清楚，方案被采纳并不等于发射成功，必须要经过导弹飞行试验的检验。

果然，导弹泄出一些推进剂后，射程变远了。1964 年 6 月 29 日，中国第一枚中近程导弹发射成功，标志着中国导弹取得了关键性的突破。接着连打三发火箭，发发命中目标。

正是在这次特殊的事件中，千里马遇上了伯乐，钱学森的推荐使王永志有了施展才华的平台。作为重要的技术骨干，王永志在 20 世纪六七十年代参加了中国第一代战略导弹的研制工作，在中近程、中程和洲际导弹的研制工作中为增大射程、提高实用性能，解决了大量技术问题。

20 世纪 80 年代，王永志是第二代战略导弹研制的技术带头人，为中国实现导弹技术两次更新换代做出了重要贡献。

❖ 研制大推力捆绑式运载火箭 ❖

1986 年，国际航天界发生了一连串的事故，使得国际商业卫星发射市场的运载能力出现短缺。为将中国的火箭打入国际发射市场，时任中国运载火箭研究院院长的王永志和他的同事们筹划着一个大胆的方案——以"长征"二号火箭为基础，研制大推力捆绑式火箭。

1988 年 11 月，在决策的关键时刻，王永志代表火箭研究院

王永志给青年骨干授课导弹技术。

立下了"军令状"：一旦决定研制，保证在规定的时间内将火箭竖立在发射台上。同年12月，国务院批准了这项任务，此时距离"规定的时间"仅有18个月。

一些外国同行都认为他"疯"了，在他们看来，"没有3年是不可能完成的"，但王永志说："我们没有动摇，认为还有可能，一直没有退却。这个时候国家支持发射'外星'，不仅可以创汇，还可以发展航天高技术，这给了我们很大的鼓励。"

"成功"替王永志作出了最好的回答。1990年7月16日，"长二捆"火箭首飞获得成功。

"这是怎样的18个月啊！"人们形容王永志和他的同事是

1990 年王永志总指挥在"长二捆"首次发射前与火箭合影。

"没了亲戚，没了朋友，什么都顾不上了"。18 个月时间，仅设计出来的图纸就有 44 万张，设计人员平均一人一天要画 17 张。除了加班加点，王永志和同事们还采取了其他改革措施，首先减少工作量，去掉烦琐环节，把研制程序缩短；然后改进工作方法，过去都是按照单点串行，这次多点并行，交叉作业。这个紧急任务促进了研制方法的改革，从那儿以后研制程序就更加优化。

从立下"军令状"到火箭冲上九霄，王永志的体重整整减了 11 斤。

"长二捆"的研制是改革大潮中一件具有标志性意义的事件。改革开放，国防工业要转轨变型，研制"长二捆"就是一个典型案例，这枚火箭是通过贷款研制的，而且还把中国航天打入了国际商业发射市场，实现了一个重大的改革。

"长二捆"的成功，还有更巨大的意义。它把中国火箭的运载能力提高了 2.6 倍，把这类火箭的运载能力基本发挥到极致。它不仅让中国火箭打入了国际发射市场，增强了中国航天在国际上的影响力，更重要的是创造了中国载人航天的启动条件。

❈ 实现中华民族飞天梦 ❖

1992 年 11 月，王永志正好 60 岁，他被中央专委任命为中国载人航天工程的总设计师。

载人航天工程是中华民族有史以来的开创性工作，作为载人航天的领军人物，王永志感受最多的是压力："因为这是搞载人航天，上头有人，怎么能确保它安全地返回，是非常关键的。另外，我国是在苏联、美国已经搞了 40 年之后搞飞船，要搞一个什么样的飞船才能满足中国人民的愿望？怎么才能显示中国的综合实力？才能不使中国人感到失望？"

"因此，在拟制整个飞船工程方案的时候有一条要求：在确保安全可靠的前提下，从总体上体现中国特色和技术进步。"王永志说，"中国的飞船一上天，就要和国外搞了 40 年的飞船比翼齐飞，不相上下。"

"认准了的事情，王永志就一定要干到底。"王永志的同事这样评价他。

花甲之年的王永志带领航天人开始了艰辛的创新之路。经过 7 年的艰辛攻关，神舟飞船开始了迈向太空的伟大征程。1999 年 11 月 20 日，神舟一号无人飞船升入太空并绕地球 14 圈后准确地返回着陆场。

2001 年 1 月 10 日，神舟二号飞船成功发射，首次在绕地球飞行第 5 圈时成功实施变轨，首次进行了轨道舱的留轨试验。

按照载人航天工程的要求，必须连续获得两次无人飞行试验的圆满成功才能载人飞行。2002 年 3 月 25 日、2002 年 12 月 30 日，神舟三号、神舟四号相继飞行成功，标志着我国可以正式开始载人飞行了。王永志与航天人一道，满怀信心地迎接中国首次载人飞行这一时刻的到来。

2003 年 10 月 16 日，杨利伟乘坐的神舟五号返回舱安全落地，首次载人航天飞行圆满成功，实现载人航天的历史性突破。

王永志与杨利伟在首飞登舱前合影。

"我当时的心情，其实就是整个队伍的心情。当我们看到杨利伟很健康地出舱了，这才放下心来。我们已经奋斗了 11 年多了。这 11 年完全是埋头苦干、加班加点，付出了很大的努力。特别是为了保证航天员的安全，真是绞尽脑汁、费尽心机、想尽办法。"王永志说，他们肩负的一个任务就是要实现中华民族千年的飞天梦想，现在实现了、成功了，没有辜负全国人民的期盼，没有辜负党中央的嘱托。

王永志说："中国载人航天工程分三步走，目前为止仅是第一步，航天事业还要继续发展，更伟大更艰巨的任务还在后头。"

2005 年王永志被中央军委授予"载人航天功勋科学家"荣誉称号。2010 年，为表彰王永志在中国载人航天事业中作出的突出贡献，经国际天文学联合会批准，第 46669 号小行星被永久命名为"王永志星"。

参考文献

廖文根：《王永志：使命高于一切》，《人民日报》，2004 年 2 月 21 日。

孙灿：《著名航天专家王永志："有目标，就要有规则和纪律"》，中央纪委国家监委网站，2019 年 2 月 28 日。

🧪 科学家名言

探索宇宙、开发宇宙无期限，我最大的愿望就是做更多的工作，进一步把我们的事业推向前进。

——王永志

大科学家小故事

一次次转折后，踏上航天路

"如果没有小学老师刘汉甲，我会是一名文化程度不高的农民。刘老师在我人生十字路口上起了决定性影响，改变了我的一生。"

出生在辽宁农村的王永志，对恩师的感激之情发自肺腑：当时家里穷，兄弟姐妹又多，我能上小学已很难得，但到 1945 年 5 年级时学校停办，我只好回家务农。后来我们县创办中学，刘老师赶快千方百计通知我，他还找到我大哥说，你可别把这孩子耽误了，这是个有出息的孩子。就这样，我再次踏入校门。

但王永志并非从小立志于航天，出身农村的他对农作物特别感兴趣，总是梦想改良物种，当一名生物学家。但现实又一次改变了他的人生道路：抗美援朝时期，王永志经常听到空袭警报，因为美国的飞机时常侵入我国领空。

"那时候，我就觉得，有了飞机就有保障，如果连国防都不行，那改良物种还有何用？所以在 1952 年高中毕业报考大学时，我就报了清华大学航空系，从此走向国防建设。"

1957年，又是王永志人生的一大转折点，被他称为"难忘的1957"：这一年，他在莫斯科航空学院改学火箭导弹设计，而1955年被派到这个学院时学的是飞机设计；苏联的人造卫星在这一年成功发射；他回国后所长期奉献的单位——中国运载火箭技术研究院也在这一年成立……

"正是完成了人生道路上的这一次次转折，我才从一个孤苦无助的农村孩子，逐步成长起来。"王永志说。

1961年，王永志回到祖国，从事航天技术工作长达54年之久，在我国战略导弹、地地战术导弹以及运载火箭的研制工作中做出突出贡献，特别是在载人航天工程中做出重大贡献。

2005年

叶笃正

第一个获得"气象诺贝尔奖"的中国人

· 1916.2—2013.10 ·

· 气象学家 ·

· 中国科学院院士 ·

· 中国大气物理学创始人 ·

· 全球气候变化研究的开拓者 ·

· 2005 年度国家最高科学技术奖获得者 ·

"风华正茂时，已经是奠基人；古稀之年，仍然是开拓者。让外国人同我们接轨，这是一个年过九旬的大学者的大气象。笑揽风云动，睥睨大国轻。""2006年度感动中国"这样评价他。

"一直以无尽的热情和善良帮助学生的他得到了他遍及世界各地的弟子们的高度尊敬和感激。"世界气象组织秘书长米歇尔·法罗这样认可他。

"他热爱祖国，热爱气象科学事业，孜孜不倦，努力进取，敢于创新，作出了重大的科学贡献。"中国科学院这样颂扬他。

他是叶笃正，气象学家，中国现代气象学主要奠基人之一、中国大气物理学创始人、中国全球气候变化研究的开拓者。

❖ 不只要有家，还要有国 ❖

1916年2月，叶笃正出生于清末天津世家，在家中十五个孩子当中排行老七。14岁以前，他没有进过学校，接受的都是私塾教育。

1930年（中华民国十九年），他考入天津南开中学，在南开中学的学习生涯对他的一生都产生了深远的影响。那段日子里，他逐渐知道了官僚的骄奢淫逸、民生的艰难困苦、国家的多灾多难、民族的存亡绝续。

由于他课业努力上进，直接跳级考上初三，进入南开中学人才济济的"1935年班"。在这个先后出过3位中科院院士的班级里，他是公认的佼佼者。

1935年，他考入清华大学物理系。在那"华北之大，却放不

1940 年叶笃正清华大学毕业照。

下一张安静的书桌"的年代，热血爱国的他积极参加学生运动，大一即参与了"一二·九"运动，1937年"七七事变"后又积极加入抗日行列。后来五哥的劝说，以及与女友分手的变故，让他开始审视自己的人生，明白要想救国必须先要武装自己的头脑，仅凭一腔热血一味盲目地革命注定不是救国之路。

之后，他回到西南联大继续学业，并结识学长中国"两弹一星"元勋钱三强，在钱三强的劝说下，叶笃正放弃了自己喜爱的物理专业，选择了对国家更为实用的气象学专业。转入气象，这个决定从此改变了他的一生。

1940 年，他从西南联大地质地理气象系毕业，考入当时已内迁的国立浙江大学文科研究所史地学部，在贵州从事大气电学研究。1943 年，他获国立浙江大学理学硕士学位后，担任中央研究院气象研究所助理研究员。

科学没有国界，科学家却有国界

成为硕士的叶笃正在当时国内属于高端技术人才，1945 年被选派赴美留学，师从芝加哥大学著名气象学家、芝加哥气象学派创始人罗斯贝教授。求学期间叶笃正发表重要论文十多篇，1948年11月获博士学位。博士论文《关于大气能量频散传播》中提出大气运动的"长波能量频散理论"，被誉为动力气象学的三大经典理论之一，而他本人则成为以罗斯贝为代表的"芝加哥气象学派"的主要成员之一。

因为在学术界的头角崭露，1948年刚刚博士毕业的叶笃正就获得了年薪4300美元的工作，而当时一些小型大学的教授，年薪也不过五六千美元。

1949年，中华人民共和国成立，身在异乡的叶笃正当时义无反顾地作出了回国的选择。他对导师罗斯贝说"我觉得新中国是有希望的，我想为自己的国家做点事"。罗斯贝被说动了。

1950年10月，他与妻子辗转回到中国，并被任命为中国科学院地球物理研究所北京工作站主任，在北京西直门内北魏胡同一座破旧的房子里开始了艰苦的创业。经过几十年的努力，当初只有十几个人的科研小组，已经发展成现在国际知名的大气物理研究所。

从事地球科学研究七十余载，故乡的土地为叶笃正提供了源源不绝的灵感，在超过半个世纪的科学研究中，他取得了一个又一个开创性研究成果。

20世纪50年代，叶笃正带领一批气象学家发起了高原气象的研究，在两次科考观测收集的数据基础上，叶笃正首先发现围绕青藏高原的南支急流、北支急流及它们汇合成为北半球强大的西风急流，这对东亚地区的天气和气候有重要影响。

叶笃正与外国气象学家弗隆分别指出青藏高原在夏季是一个巨

大的热源，同时他还深入地研究了青藏高原冷热源的季节变化及其对东亚大气环流的影响。由于他的研究工作，国际上才接受了大地形热力作用的概念，为青藏高原气象学的建立奠定了科学基础。

叶笃正与陶诗言等发现东亚和北美环流在过渡季节（六月和十月）有急剧变化的现象，这一发现对我国天气预报有重要意义。叶笃正创立了大气长波能量频散理论，为现代大气长波的预报提供了理论基础；创立了大气运动的适应理论，在天气预报业务上有重要的应用；他还开拓了全球变化科学新领域，提出了"有序人类活动"、适应气候变化理论框架等一系列科学思想。

他是理论与实践相结合的典范，是伟大的爱国者、做人治学的楷模、诲人不倦的榜样，是大气科学和全球变化领域的一代宗师。他以毕生的精力贡献给大气科学事业，是国际大气科学界和

中国科技大学校内，叶笃正在课后给同学们讲解习题。（新华社资料照片）

1981 年 5 月，65 岁的著名气象学家叶笃正被中国科学院主席团推选为中国科学院副院长。（新华社记者杨武敏摄）

全球变化领域屈指可数的杰出科学家。

2004 年，他荣获有"气象诺贝尔奖"之称的国际气象组织奖，成为第一个获得此奖的中国人。2010 年，第 27895 号小行星被永久命名为"叶笃正星"。

❖ 中国教育要弱化教育模式，强化教育思想 ❖

叶笃正是科学家也是教育家，他为中国气象界培养造就了几代优秀的科研工作者，仅培养大气科学界的中国科学院院士就多达 6 人，同时也获奖无数。

1987 年获得国家自然科学一等奖；1988 年获得国家自然科学奖一等奖和二等奖；1995 年获得第一届何梁何利基金科学与技

术成就奖和陈嘉庚地球科学奖；2003 年被世界气象组织授予第 48 届国际气象组织奖（IMO）；2005 年获得国家最高科学技术奖；2006 年度感动中国十大人物。他把获得的奖金都捐献给了国家，设立了"学笃风正"奖、"全球变化科学奖"等奖项，以奖励研究成绩突出的后来人。

作为一位成功的教育家，面对"教育"问题的采访时，他回顾自己的教育经历后，盛赞南开中学创始人张伯苓的教育思想。

他言道，南开中学有太多的优点，数不胜数，最重要的是要学习张伯苓的教育思想。张伯苓不是教育学生读死书，而是要求学生了解社会，接触社会，关心国家大事。所以他也经常让学生到外边去看看，然后回来让学生写感想。

张伯苓的教育思想可以归结为几个字：允公允能，日新月异。

也正是对这种教育思想的深刻理解和身体力行，叶笃正培育了大批地球科学领域的杰出人才，并赢得了大师的美誉。他常说："我的学生超过我，我才有成功的感受。"

大师之风，山高水长。叶笃正用无私奉献谱写了精彩人生，为我们树立了光辉的榜样。他的功勋、他的精神，必将和"叶笃正星"般，光耀寰宇，恒久留存。

参考文献

王舒：《叶笃正传：风云人生》，江苏人民出版社 2009 年版。

闫永伟：《求实认真的中国气象学泰斗——叶笃正》，新华网，2018 年 10 月 1 日，http://www.xinhuanet.com/science/2018-10/01/c_137503723.htm.

《气象人物志：中国大气物理学创始人叶笃正》，中国气象数据网，2017 年 8 月 17 日，https://baijiahao.baidu.com/s?id=1575972898421060&wfr=spider&for=pc.

科学家名言

搞科学研究必须建立在实事求是的基础上，这是每个科研工作者都必须遵循的准则。

——叶笃正

大科学家小故事

国家至上

"是新中国的成立召唤我回到祖国，使我有了为国家和人民服务的舞台。"早年留学美国的叶笃正，学成后最担心的就是报国无门。"国家的需要、科学的前沿成为我科学探索的指南。"这成为他多年治学的基本准则之一。

叶笃正曾经和美国好友卡普兰教授有过一段简短的对话。

"如果你一直在美国工作，会写出更多的文章。"

"文章数量固然可以说明成绩，但美国能给我建立一个研究所，带领大量同行一起工作，为国家的气象事业发展贡献力量的机会吗？不能！"

叶笃正把"科学工作者既要实事求是，追求真理，更要把自己的事业与国家的命运和人民的利益紧紧联系在一起"这条理念贯穿于科研始终。

20世纪50年代，百废待兴。祖国丰富的气象资源也为叶笃正取得丰硕的科研成果奠定了雄厚的基础，提供了广阔的天地。

科研一定要为国家的经济社会发展服务。"科学技术是第一生产力"这句话，在叶笃正心里生根发芽。他积极参与和指导建立了中国气象业务服务系统，为中国气象局的"气象中心""气候中心""信息中心"的建立做出了实质性贡献。

叶笃正的治学格言中最重要一条：想国家之所想，急国家之所急，看准国家的需求，并使用世界上最先进的研究方法。

吴孟超

"肝胆英雄"

· 1922.8 —2021.5 ·

· 中国科学院院士 ·

· 中国肝胆外科之父 ·

· 2005 年度国家最高科学技术奖获得者 ·

亚洲是肝病高发区，我国每年约有 14 万人死于肝癌。半个多世纪，他在肝胆医学领域不断开疆扩土，拯救了无数的病患，从基础理论到临床实践树起了一座座丰碑。

他就是肝胆医学家、医学教育家、有良心的好医生、中国科学院院士、"国家最高科学技术奖"获得者——吴孟超。

2021 年 5 月 22 日，"中国肝胆外科之父"吴孟超院士走完了传奇人生，享年 99 岁。

✦ 立志成为外科医生 ✦

1922 年 8 月，吴孟超出生于福建闽清一户贫苦农家。五岁时，他同母亲前往南洋（现马来西亚）投奔父亲，八岁开始在橡胶园操刀割胶。辛酸的童年，他概括成一句话，"这也算是我最早期的操刀训练吧！"

中学时期的吴孟超。

1940 年年初，17 岁的吴孟超与同学登上了回国的轮船，三年后考入同济大学医学院。1947 年，吴孟超在课堂上遇见了名扬中外的外科名医裘法祖教授。从此，吴孟超就产生了一个意愿：哪一天能成为像裘法祖教授那样的外科大夫，那该多么幸福啊！

当时，学校是按照成绩来分配毕业生去向的，吴孟超的小儿科考试成绩全班第一，所以被分配到小儿科，但他想去外科。为争取机会，吴孟超向医务部主任讲述了自己怎样热爱外科，怎么适宜当一名外科医生，但话没说完就被医务部主任打断："也不看看你长的什么个儿，才一米六二，能当外科医生吗？"

为了实现外科医生的理想，吴孟超放弃了儿科的工作机会，怀揣高才生的文凭却刚毕业就失业了。

1949 年 8 月，吴孟超看到了华东军区人民医学院以及附属医院（即日后的第二军医大学第一附属医院，现在为上海长海医院）的招聘启事。似乎是命中注定，他如愿成了一名外科医生。

❖ 攀登肝脏外科的高峰 ❖

1953 年，裘法祖受邀成了第二军医大学第一附属医院的兼职教授，这让吴孟超有机会寸步不离地紧随裘师学本事，从诊病、手术乃至授课……没过多久，吴孟超就成为裘法祖手术的得力助手。

在手术台旁，吴孟超仔细观察、用心揣摩，形成了自己对"裘氏刀法"的理解："以精准见长，手术时不多划一厘米，也不少缝一针，尽量减少病人的创伤"。在老师那里，他不仅学会了"裘氏刀法"，也继承了裘法祖"做人做事做学问"的衣钵。

1956 年，吴孟超成为一名党员，还被批准参军，成为一名军医。

由于我国是肝脏疾病的高发地区，而当时我国在肝脏外科领域还是空白。接受了裘师的指导，吴孟超决定走肝胆医学之路。作为热身锻炼，吴孟超找到了一本英文版《肝脏外科入门》，并邀请了外语基础较好的同事方之扬共同翻译，于1958年由上海卫生出版社正式出版，成了我国有关肝脏外科方面的第一部医学译著。

同年10月，第二军医大学第一附属医院成立了吴孟超、张晓华和胡宏楷组成的三人肝胆外科研究小组（俗称"三人小组"），由吴孟超任组长。

研究肝脏到底该从什么地方做起，该从什么地方予以突破？"三人小组"决定从肝脏解剖学理论基础着手，只有透彻了解并掌握肝脏内部的解剖结构，才有对肝脏施行手术的基础。

1958年，"三人小组"在实验室制作肝脏铸型标本（右为吴孟超）。

于是，他们从制作肝脏管道铸型模型入手，以洞悉肝脏的解剖结构，但无数次试验均告失败。

1959年4月，容国团在第25届世界乒乓球锦标赛上荣获男子单打冠军的喜讯让吴孟超产生了灵感：乒乓球不也是一种塑料吗？何不用它来试一下？经过两个月的努力，一具完整的肝脏管道标本犹如美丽珊瑚般出现在"三人小组"面前。到1959年年底，"三人小组"共制作了108具肝脏腐蚀标本和60具肝脏固定标本。

通过对肝脏标本的详尽观察、解读和分析比对，再结合临床实际，1960年吴孟超提出了人体肝脏"五叶四段"的解剖学理论。在此之前，多数人认为肝脏简单地分为左、右两叶而已。

这一理论为肝脏手术奠定了解剖学基础，并一直沿用至今，成为我国肝脏手术赖以成功的基石，并为肝脏手术的进一步探索，提供了理论依据和技术保障。这也是吴孟超在肝胆学科上取得的第一项基础研究的理论成果。

1960年年初，吴孟超成功完成了第二军医大学第一附属医院的首例肝癌切除手术。

同年，他从水龙头得到启发，发明了"常温下间歇性肝门阻断切肝法"，这项创新术式适用于所有的肝脏外科手术。通过间歇性阻断进入肝脏的血供，不仅提高了手术的安全性，而且可以在常温下施行肝脏手术，既简化了手术过程，又减少了患者的创伤。

在20例肝叶切除手术中出现3例由于肝昏迷而发生术后死亡的情况后，吴孟超开始了新研究——肝叶切除后肝脏代谢改变。1961年，他发现了正常肝和肝硬化肝脏术后生化代谢的规律，并据此提出了纠正肝癌术后常见的致命性生化代谢紊乱的新策略，构成了肝脏术后支持治疗的基本理论，使手术死亡率明显降低。

1963 年，吴孟超作为最年轻的医学专家受邀参加上海某医院的会诊。会诊旨在确诊患者是否患中肝叶肿瘤，能否实施中肝叶切除手术。

中肝叶处于整个肝脏的"心脏"部位，管道结构极其复杂，几乎所有的肝内重要管道都流经其中。而中肝叶切除手术，会造成两个切面，失血量会明显增加，且不利于伤口的缝合与恢复，又极易损伤肝门，甚至可能出现致命的并发症。

毕竟，当时肝脏手术被视为外科手术中的"禁区"，而中肝

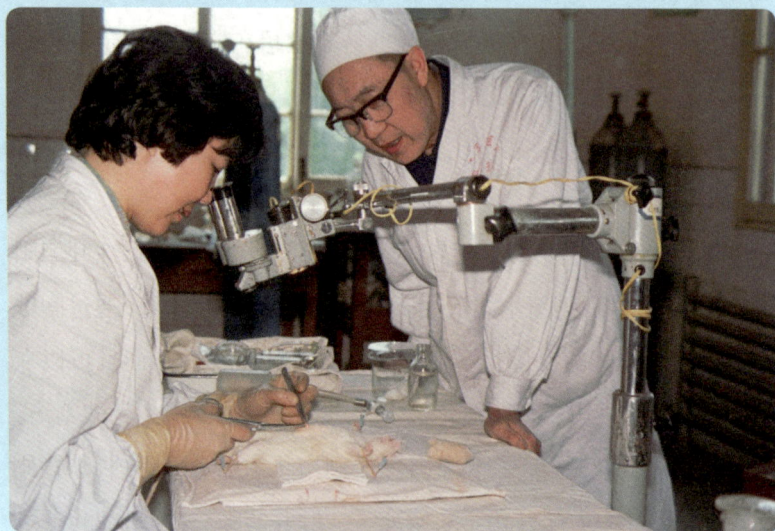

吴孟超（右）指导学生进行大鼠原位肝移植动物实验。

叶切除手术更是“禁区中的禁区”。会诊中的专家们对此都默不作声，只有吴孟超勇敢地站了出来，“这位病人就交给我吧！”

凭着娴熟的手术技艺以及充分的前瞻性准备，他带领团队突破了中肝叶手术的“禁区”，攀上了肝脏外科的高峰。就在同一年，吴孟超带领团队又完成了三例中肝叶切除术，全部取得成功。由他所开创的肝脏外科手术技术逐步走向成熟。

1964年9月22日，《解放军报》和《中国青年报》的头版头条都以“突破手术禁区”等字眼儿报道了吴孟超团队系列成功手术，连国外不少媒体也予以转载。

20世纪70年代，吴孟超将“常温下间歇性肝门阻断切肝法”发展为“常温下全肝血流阻断”技术，开创了我国高难度肝脏手术止血技术的先河。

1975年，54岁的吴孟超又主刀成功地切下了迄今国内外所报道的最大的（63×48.5×40立方厘米）肝海绵状血管瘤，瘤体重18千克，标志“吴氏刀法”已经炉火纯青。

第二年，吴孟超在上海进行了18万人次的肝癌普查，开展肝癌早期诊治的课题研究，同时着手肝癌与肝炎关联的研究、肝癌手术后复发的处理等课题。后来又首创了婴幼儿肝癌切除、免疫治疗等技术体系。

❖ "四次腾飞" ❖

1991 年，吴孟超当选中国科学院学部委员，2005 年荣获国家最高科学技术奖。2011 年 5 月，第 17606 号小行星被命名为"吴孟超星"。

吴孟超将自己事业发展的步履总结成"四次腾飞"。虽然"吴氏刀法"创造了诸多第一，但对吴孟超来说都不算是"腾飞"。

"第一次腾飞"在吴孟超看来，是他让肝胆外科有了"名分"。1978 年，长海医院单独成立了列入正式编制的肝胆外科，这也成了全国第一个名正言顺的"肝胆外科"。1979 年，吴孟超申报

2011 年 4 月 13 日，吴孟超带着学生仔细诊断病情，确定手术方案。

"肝胆外科技术中心"获批,他牵头在第二军医大学附属长海医院建立了"肝胆外科中心",为肝胆外科事业的发展提供了最基本的保障和可持续发展的环境。

为了解决我国肝癌患者数量众多与医疗资源稀缺的矛盾,经过吴孟超不断努力,l993 年"东方肝胆外科医院"和"东方肝胆外科研究所"进驻新楼,共 200 张床位,构建起肝胆学科更大的科研与临床平台,实现了吴孟超人生医学科学事业上的"第二次腾飞"。

2001 年,经中国人民解放军总后勤部批准,东方肝胆外科医院被列为第二军医大学第三附属医院、第三临床医学院,这是吴孟超肝胆外科事业的"第三次腾飞"。

作为医院院长,吴孟超提出的建院方针——"人无我有,人有我新"。这个"有",不仅是硬件上的、医疗技术上的,更要"有高尚的医德医风";而这个"新"不仅是要有新风新德,更要有创新精神,要在学科和管理上有新的发现。

2016 年,国家肝癌科学中心建成、安亭新院正式运营,吴孟超认为这是他的"第四次腾飞"。

2019 年 1 月 14 日,97 岁高龄的中科院院士、第二军医大学东方肝胆外科医院院长吴孟超带头响应国家号召,正式退休。从医七十余年,他拯救了无数患者。

在当时的退休仪式上,吴孟超精神矍铄地表示:"虽然退休了,但只要组织需要,只要病人需要,我随时可以进入战位,投入战斗!"

治病救人。吴孟超的一生，是为党、为国、为病患，与"癌中之王"战斗的一生。

参考文献

方鸿辉：《肝胆相照：吴孟超传》，上海交通大学出版社 2013 年版。

方鸿辉：《吴孟超传》，上海教育出版社 2020 年版。

宁海华：《医者仁心，国之栋梁——记人民医学家吴孟超院士》，中国青年网，2019 年 1 月 18 日，http://pinglun.youth.cn/wztt/201901/t20190118_11848482.htm.

科学家名言

要让中国肝胆外科站到世界最前沿！

——吴孟超

大科学家小故事

一心赴救，皆如至亲

我国是肝脏肿瘤的多发国家，且确诊多见中晚期、复发率高，肝癌以极高的恶性程度被称为"癌中之王"，每年都要夺取数以万计的生命。病人的痛苦，催生的是大医的奉献。除了一颗坚定的爱国心，支撑吴孟超行医道路的，是对病人的一腔热情和无私爱心。

在指导学生的一次手术中，由于动脉上一个止血钳夹得不牢，血液喷射而出，吴孟超的眼镜瞬时被血覆盖。在完全看不见的情况下，他凭着经验在第一时间用手指堵住了出血口。年轻的学生因为紧张，缝针时刺在了吴孟超的手指上。吴孟超泰然自若，指挥继续缝针。手术后，吴孟超把学生们叫到一起："要把病人放在第一位，这是一名医生的基本修养。"在护士拉住吴孟超打免疫针时，他说："外科医生碰到这种事很正常，不用太紧张。"

一个晚期肝癌、肝硬化、肝腹水的病人看吴孟超的门诊，他拉着病人的手说："不用急，我给你开张住院证先住下来。"病人离开后，助手不解地问："吴老，这个病人不能手术，用药也没有太大意义，咱们的病床又紧张，干吗还把他收进来？""我也知道把他收进来做不了太多，可是他已经被多家医院拒之门外了，如果我们再不收他，他肯定会绝望，说不定会做出傻事来。"吴孟超说，"我们既要看病，更要救人。"

"为医之道，德为先。"吴孟超时刻记住老师裘法祖讲过的这句话。他不仅看不惯嫌贫爱富的医生，更对收受病人红包和拿药品回扣的现象深恶痛绝。在他看来，病人没有高低贵贱之分，漠视病人的生命就是亵渎医生的神圣称号。

2006年

李振声

麦田里的拓荒者

· 1931.2 — ·

· 农业发展战略专家 ·

· 小麦遗传育种学家 ·

· 中国科学院院士 ·

· 中国小麦远缘杂交育种奠基人 ·

· 2006 年度国家最高科学技术奖获得者 ·

我国是世界上最大的小麦生产国，小麦的播种面积占我国农作物面积的 27%左右，每亩产量近 1000 斤，年总产量更是达到 1 亿吨以上，但在 20 世纪 80 年代前，由于小麦条锈病的影响，我国的小麦产量并不高。

从亩产不过 50 斤、很多人吃不上"稀罕物"到如今家家户户的"盘中餐"，得益于一个人多年来坚持不懈的研究，这个人就是李振声。

✧ 饥饿促其走上学农之路 ✧

1931 年 2 月，李振声出生在山东淄博的一个农民家庭，幼年丧父，母亲含辛茹苦地将李振声和他的三个兄妹培养成人。经历了艰苦卓绝的抗战时期，少年时代的李振声了解饥饿的滋味，也是如此，当他看到"又有饭吃，又能上大学"的农学院招生广告后，报考了山东农学院。

1951 年毕业后，李振声被分配到了中国科学院北京遗传选种实验馆工作。当时中科院在北京只有 200 多人，院部领导经常邀请著名学者来作报告，在这里李振声聆听了多位知名学者的讲座，学习到了哲学和研究方法等多方面的内容，为之后的工作和生活带来了潜移默化的影响。

当时，遗传选种实验馆有遗传组、生理组和栽培组 3 个课题组，李振声被分到栽培组，师从土壤学家冯兆林从事种植牧草改良土壤的研究，分工负责牧草种质资源的收集、种植与生物学特性的观察研究。几年中，他对 800 多种牧草进行了较深入的观察与研究，也是他的这段经历，为之后研究出杂交小麦奠定了基础。

❖ 麦田里的拓荒者 ❖

1956 年，中央发出了支援大西北的号召，全国的有识之士都纷纷奔赴西北，25 岁的李振声也毅然放弃了在北京舒适的研究工作条件和安逸的生活条件，扎根落后贫瘠的陕西杨凌，本来研究牧草培育的他，也因此开启了与小麦的不解之缘。

那一年，全国范围内爆发了历史上最为严重的小麦条锈病，各地出现了不同程度的粮食减产，有些严重的地区甚至颗粒无收。李振声所在的中国科学院西北农业生物研究所试验田里的小麦也没有侥幸逃脱。

小麦条锈病当时被称作"小麦癌症"，是由一种叫作条锈菌的真菌造成的，这种真菌会寄生在小麦叶片上。染病的叶片上，会出现一条条鲜黄色的孢子堆，就像叶片生了"锈"。

此时，大片大片的黄色充斥在陕西的小麦田内，农民们戏称下地干农活就是"蓝裤子下田，黄裤子回来"。玩笑话中更多的是无奈与惆怅。

李振声看在眼里，愁在心里。他了解到引起当时小麦条锈病大流行的主要原因是当时小麦品种的抗病性太差。病菌变异速度快，平均 5.5 年就能产生一个变种，而小麦的育种速度慢，即 8 年才能育成一个小麦新品种，而这 2.5 年的时间差使得小麦条锈病难以避免，成为当时一个世界性难题。

李振声想到了自己之前在研究牧草时，野草无人管理，却生长得很好，那么是否可以让小麦与天然牧草的杂交来培育一种抗病性强的小麦品种呢？

他将目光锁定在了长穗偃麦草上，这种草具有很强的抗病性，如果通过远缘杂交将草的抗病基因转移给小麦，小麦就可能具有持久抗病性。

研究的过程是艰难且漫长的，牧草和粮食这两个物种的杂交被很多人认为不可能，加之自然灾害频发、研究本身难度大以及社会运动的干扰，让这项研究举步维艰。

长穗偃麦草自身不仅具有突出的抗病性，让小麦黄锈病的发病概率逐年降低，而且它还具有丰富的抗逆基因，有助于生物在盐碱、干旱、低温、涝害等不利环境下生存。

1958年，李振声在陕西杨凌研究小麦样本。（新华社资料照片）

小麦种植历史悠久，却长时间亩产不高，除了条锈病，还和小麦的"脆弱"不可分割。其对于天气变化的适应力不强，骤然而至的降雨会给小麦带来青干现象，这种现象在小麦与长穗偃麦草杂交之前颇为常见。小麦雨后青干分为两种，一种为久旱无雨的"撑死型"青干，一种为久雨猛晴的"蒸死型"青干。"蒸死型"青干指的是长期阴雨所形成的较低的地温，由于地温低，根系吸水的能力不强，吸收的水分也就相应减少；骤然放晴使得气温增高，叶片的蒸腾作用强，蒸腾失水也相应增多。水分收支失去平衡，小麦株体地下部与地上部生理代谢失调，迫使植株自身失水干枯死亡。

1964 年 6 月 14 日，这一天让李振声至今难忘。那一天连绵40 多天的阴雨突然放晴，几乎所有的小麦都遭受了"蒸死型"青干，但是与长穗偃麦草杂交的小偃麦 55 号却依旧保持生长，这一发现让他欣喜若狂，这说明他之前的设想和努力都没有白费。

李振声的研究并没有止步于此，他又在小偃 55 的基础上做了多次试验，到了 20 世纪 80 年代，终于在 15 年后培育出了具有持

李振声院士在中国科学院遗传与发育生物学研究所农业资源研究中心南皮生态农业试验站（中科院南皮站）展示历次杂交后获得的小麦品种的标本。（新华社记者金立旺摄）

久抗病性、高产的小麦新品种——小偃 6 号。

当时的农村流行着这样一句话，"吃小麦，种小偃"，可见其"小偃 6 号"的地位。

经过近 30 年的不懈努力，"小偃 6 号"目前其衍生品种已达 53 个，累计推广面积 3 亿亩以上，增产小麦超过 150 亿斤。由小偃麦衍生出的品种"高原 333"至今仍保持着单产最高的世界纪录。

❖ 粮食足，天下安 ❖

20 世纪末，西方国家对中国的粮食生产普遍存在着一种"担忧"，认为中国人口多，自产粮食不够吃，给世界其他国家增加了负担。1994 年，美国世界观察研究所所长莱斯特·布朗出版《谁来养活中国？》一书，在世界引起巨大反响。

但实际上，在李振声等一批农学家的不懈努力下，从 1978 年开始，到 1998 年这 20 年期间，中国的粮食产量已有了大规模增加，一组数据显示，在此期间我国的水稻总产增加 627 亿公斤，小麦总产增加 694 亿公斤，超过水稻，李振声和他的同事们将染色体工程技术引入小麦育种领域，创立了缺体回交法，将远缘杂交的育种时间缩短到了 3 年半，不仅实现了粮食的增产、将黄淮海平原中低产田打造成了"粮仓"，而且为染色体工程育种开辟了一条新路。

1998年，李振声（中）和学生们在北京中科院遗传所试验田研究小麦样本。（新华社资料照片）

2005年4月，亚洲博鳌论坛。李振声站在论坛主席台，他整理了1990年到2004年间农业的变化，通过大量的数据郑重驳斥了莱斯特·布朗的观点，在论坛上庄严向世界宣布："我们认为应该将这些真实情况告诉世界，中国人能养活自己。现在如此，将来我们凭着中国正确的政策和科技、经济的发展，也必然能够自己养活自己！"

回应他的，是顷刻响起的雷鸣般掌声。这一年年底，联合国世界粮食计划署正式宣布停止对华粮食援助的限制，至此，国际对中国粮食生产的担忧解除。

他先后获得了全国科学大会奖、国家技术发明一等奖、陈嘉庚农业科学奖、何梁何利科技进步奖、中华农业英才奖等。1991年入选中国科学院院士，2006年荣获国家最高科学技术奖。

❈ 开辟粮食增产新阵地 ❈

2011 年 1 月 26 日，时任国家副主席习近平前往李振声家中探望。李振声向习近平汇报了发展现代农业和盐碱地治理的想法和建议，得到习近平的高度肯定。同年，李振声提出了建设"渤海粮仓"的科学依据。两年后，国家重大科技支撑计划项目"渤海粮仓科技示范工程"正式启动，意在提高环渤海低平原 4000 万亩中低产田、1000 万亩盐碱荒地的粮食增产能力。

李振声带领中科院遗传发育所的课题组，全身心投入其中的"耐盐小麦育种与示范"研究任务。由于"小偃"麦的亲本之一——长穗偃麦草耐盐性强，他们从其与小麦的杂交后代中分离出一部分耐盐"小偃"麦新品系，"小偃 60"就是其中的一

2014 年 5 月 5 日，李振声院士在中国科学院遗传与发育生物学研究所农业资源研究中心南皮生态农业试验站（中科院南皮站）的试验田里。（新华社记者金立旺摄）

李振声院士在介绍河北海兴盐碱地治理的前后对比照片。（新华社记者金立旺摄）

个优秀品系。2012 年与 2013 年，在河北海兴县的中度盐碱地上，经专家组测产，"小偃 60"比当地品种"冀麦 32"分别增产 22% 和 22.9%。

回顾整个研究历程，李振声的研究也遭遇过他人的质疑和自己的迷茫，但是不忘的是积跬步方能至千里，坚持大处着眼、小处着手的做事态度，忧国忧民的情怀。

参考文献

余玮：《李振声：麦田里的拓荒者》，《中华儿女》，2019 年第 11 期。

蒋建科：《被遗忘了的中国农业大师——李振声，当代后稷、小麦之神》，人民网，2019 年 10 月 4 日，https://www.pig66.com/2019/145_1004/18249224.html.

杨万国：《李振声：因饥饿学农与麦结缘　不与袁隆平比名气》，新京报，2007 年 2 月 28 日。

科学家名言

真正给我打分的是农民。

——李振声

大科学家小故事

最难割舍是黄土，是农民

荣获 2006 年度国家最高科学技术奖的中科院院士李振声重回西北农林科技大学，在教室或麦田间与广大师生、工作期间的老同事座谈或做报告。他认为，科技创新需要一支团结协作的队伍，而心系黄土、扎根黄土的精神则是基础。

李振声院士在陕西杨凌工作和生活了 31 年。在座谈会上，他深情回忆了在杨凌工作和生活的时光，认为要"饮水思源"，发扬老一代科学家默默奉献、扎根黄土地的科研作风，要心系黄土高原、扎根黄土高原、理论结合实际、为国家为农民服务。

李振声说：科学研究切莫从文献到文献，要根据生产实际研究问题。最难割舍是黄土，是农民。我们过去所做的就体现了这种精神，这种精神应该传下去。

2007 年

闵恩泽

中国科学的"催化剂"

· 1924.2—2016.3 ·

· 石油化工催化剂专家 ·

· 中国科学院院士 ·

· 中国工程院院士 ·

· 中国炼油催化应用科学的奠基者 ·

· 2007 年度国家最高科学技术奖获得者 ·

中国人每年消耗掉的食用油，其中一部分成为废弃油脂，我们称之为"地沟油"。近些年人们都对餐桌上的"地沟油"口诛笔伐，痛恨不已。

但很少有人知道，只要回收得当，再经过几个小时的化学反应，看似"百无一用"的"地沟油"就可以变成清洁、无污染的动力能源，并且整个回收利用产业还能消除"地沟油"回流餐桌的巨大社会隐患，直接保护中国的食品安全环境。

而这一变废为宝、领先世界的科研成果要归功于闵恩泽和他的研究团队。

闵恩泽是我国炼油催化应用科学的奠基人、石油化工技术自主创新的先行者、绿色化学的开拓者。他是石油化工催化剂专家、中国科学院院士、中国工程院院士、2007 年度国家最高科学技术奖获得者。他一生情系国家，在催化炼油领域成果颇丰。

❖ 结缘石油化工 ❖

1924 年 2 月，闵恩泽出生在四川省成都市红照壁街的一座院落里。母亲出身书香世家，在他很小的时候就教他背诵唐诗。家里中堂挂着一副对联，"忠厚传家远，诗书继世长"，这句话对他的成长颇有影响，闵恩泽就是在这样的文化氛围中长大的。

1946 年，闵恩泽毕业于中央大学化工系。1948 年，他在大学同学陆婉珍的鼓励下决定赴美留学，当年 3 月，他带着一张半年生活费和学费的外汇支票，和借来的 25 美元，登上了前往美国的邮轮。

1950年陆婉珍和闵恩泽在美国拍摄的婚纱照。

在美国俄亥俄州立大学化学工程系攻读研究生期间，学校曾组织学生参观肯塔基州阿希兰德炼油厂。当闵恩泽看到炼油厂里黑褐色的石油经催化裂化装置馏分神奇地变成清亮透明的汽油时，他惊叹不已。当时闵恩泽就在想"不知道我国哪一天能建成这样的装置"？

1950年6月，闵恩泽和陆婉珍双双通过博士论文答辩。同年，二人喜结连理。但由于美方政府不允许学理工农医的中国留学生离境，他们无法回国，他只能先在芝加哥纳尔科公司担任高级化学工程师。

在美国，即使有优越的生活待遇、科研条件，也抵不住游子对家乡的思念。历经四年波折，闵恩泽与妻子陆婉珍终于冲破重重阻碍回到了阔别八年的祖国。

❖ "点石成金"，研发石油催化剂 ❖

石油是现代工业的血液，经加工提炼可得到燃料、润滑剂等多种产品。但加工提炼并不容易，要实现这一步骤就必须要用石油催化剂，这是一种可以加快化学反应速率的物质，人们把石油催化剂比喻成"点金石"。

回国后，闵恩泽被分配到正在筹建的北京石油炼制研究所。当时各方面条件都十分艰苦，闵恩泽说："我既然要回国来报效祖国，我的信念和决心就是：祖国需要什么，我就干什么，学什么，请教什么，组织什么！"

闵恩泽主要负责催化剂方面的研究工作，但我国在相关领域的研究还处于起步阶段，科研工作的开展十分困难。

1955 年闵恩泽、陆婉珍回国。图为闵恩泽（右一）、陆婉珍（左二）等人在石油工业部北京石油炼制研究所筹建处。

科研团队里，没有一个人经历过催化剂的研发生产，大家只能从零开始。从在实验室里研制出几十克的催化剂，到生产成吨的催化剂，大家一路边学习，边探索，边前进。

20 世纪五六十年代，我国炼制石油所需要的催化剂主要依赖从国外进口，价格昂贵。1959 年，石油工业部决定在兰州炼油厂建设自己的小球硅铝裂化催化剂厂，用以从石油中炼制航空汽油。次年，闵恩泽承担其研发任务，并推向其工业化生产。

时间紧，业务重。为了工作，闵恩泽吃在现场，住在办公室，每天早上八点开始工作，一直忙到深夜，通常都是凌晨两三点才得以休息。

在克服了一系列问题后，1964 年 5 月，兰州小球硅铝裂化催化剂厂开始试运转，一座年生产能力 2400 吨的小球硅铝裂化催化剂厂正式投产，生产出的催化剂性能完全达到了从苏联进口的催化剂水平，其完整率、杂质含量等都优于进口产品，价格还仅为进口剂的一半。

此时离进口催化剂库存告罄还有两个月时间，小球硅铝裂化催化剂厂的及时建成投产，打破了国外技术封锁，满足了国防所需，保障了军用和民用航空汽油的供应。

当大家还沉浸在成功的喜悦中时，病魔却向闵恩泽悄悄袭来。由于肺癌，年仅四十岁的他被切除了右肺下部的两片肺叶，取掉了一根肋骨。

可病痛并没有阻止闵恩泽前进的脚步。1965 年，在他的带领下，兰州炼油厂还建成投产了第一座微球硅铝裂化催化剂制造工厂。这是为了满足大庆油田开发后，石油工业部要求务必"吃光榨尽"，最大量生产汽油、柴油等的要求建设的工厂。将石油变为汽油、柴油，其中最核心的工艺是流化催化裂化，所用的催化剂就是微球硅铝裂化催化剂。

经过对微球裂化催化剂规格的仔细研究，闵恩泽认识到"微球"是科研成败的关键，要投入工业生产对它的组成和强度要求都很高。制造"微球"需要设计一个特殊的喷雾干燥剂喷嘴。于是，他一边探索催化剂的制造方法，一边开始对喷雾干燥器喷嘴的结构问题展开攻坚。

一般而言，为保证工业生产的效率，喷雾干燥器上至少要安装 8 个喷嘴，每个喷嘴都是固定间距且朝正下方喷射物料，但喷射出的物料颗粒很容易相互碰撞，严重时甚至会粘在一起，使粒度分布大打折扣。

正在闵恩泽百思不得其解的时候，他看到一种朝向是水平设计的喷嘴，这让他联想到自己所需的喷嘴。经过一系列的测试分析，闵恩泽设计将喷嘴制作成上下两层，每层 4 个，喷嘴之间相互错开朝向角度，保证了物料的粒度分布。他称这种喷嘴装置为"串糖葫芦"。

❄ 进军清洁能源，"临近界醇解" ❄

在闵恩泽的带领下，我国石油炼制催化剂科研人才逐渐发展壮大起来。铂重整催化剂、磷酸硅藻土叠合催化剂、小球硅铝裂闵恩泽（右一）参加铂重整催化剂中型试验。

化催化剂、微球硅铝裂化催化剂的研发成功，向世界证明了中国人的能力与水平！

2000 年以来，闵恩泽率先进入绿色化学领域，指导学生开展利用油料作物发展生物柴油的生产工艺研究。

我国在生物质能源开发的一些领域起步晚、原始技术非常稀缺。而中国作为能源消耗大国，当时每年有 6700 多万吨汽油消费和 1 亿多吨柴油消费。另外，出于对粮食安全和中国人饮食习惯的考虑，我们既不能像美国、欧洲那样用大豆和油菜籽做生物柴油原料，又必须面对每年超过两亿吨、对外依存度超过 50% 的石油进口、以千万吨计的油料作物进口和大量植物成品油进口。

每一个数字都是中国发展生物质新能源的巨大压力。

面对国家需求，闵恩泽带领团队从废弃油脂"地沟油"入手，研制出了"近临界醇解"工艺，这种工艺的出现，不仅解决了国内长期以来备受困扰的食品安全问题，还给中国进军新能源提供了有力的技术保障。

对此，国外很多长期投入生物柴油试制的大企业感到非常震惊，而更让他们感到困惑的是，引领中国达到如此高度的人，竟是一个长期从事石油催化研究的年过八十的老人。

2010年，闵恩泽主持的中国科学院学部咨询项目《生物质炼油化工厂——推动能源化工迈上碳水化合物新时代》向中科院提交了报告。闵恩泽亲自撰写了一章，对我国生物质能源，包括乙醇汽油、秸秆乙醇、微藻生物柴油及新一代生物质汽油的发展提出了建议。

2008年1月8日闵恩泽在获得国家最高科学技术奖后代表获奖者发言。

生物质能源发展的每一步，都是闵恩泽根据国情和中国"后天与后后天的需求"精心设计的。这是闵恩泽在获得国家最高科学技术奖之后，一直进行的战略性、前瞻性的思考与探索的结果。

❖ 人生如炬，创新如唐僧取经 ❖

闵恩泽在自传《人生如炬》中写道："五十多年中，创新始终是我科研工作的主线。"科研路上，他和团队在学习中不断探索和前进，用创新引领自己一步步走向成功。

他常用唐僧取经的故事来比喻创新之路，他说："取经要经过九九八十一难，唐僧就很执着，碰到再多困难和挫折，也没有动摇他取经的决心，最后终于到了西天，取得真经。"

闵恩泽一路不屈不挠，将国家所需视为己任，燃烧自己，照亮祖国能源产业。从"应急"到"责任"再到一种从容的战略选择与部署，在国家需求的指引下，闵恩泽的人生步伐从未停滞、常走常新。

"当年的归国学子，已是炼化事业奠基人；而今的白发先生，仍是绿色化学的开拓者。事业随祖国跌宕起伏，乡音同情怀一生不改。传递知识的薪火，他如同'90后'般意气风发。"这是感动中国给他的颁奖词。

在祖国最需要他的时候，他回到母亲的身边，然后用一生的奉献，恩泽后世。"点石成金，引领变化，永不失活，他就是中国科学的催化剂！"

参考文献

杨岩：《人生如炬：闵恩泽传》，中国科学技术出版社 2014 年版。

赵亚辉，张文，吴超凡：《闵恩泽院士：创新过程就像唐僧取经》，《人民日报》，2011 年 8 月 8 日。

邹大挺：《创新之路——国家最高科学技术奖获得者的创新办法》，科学技术文献出版社 2015 年版。

谢文华：《闵恩泽的爱国之路》，《中国科学报》，2014 年 4 月 25 日。

易蓉蓉：《闵恩泽：催化剂之父 泽被苍生》，《科学新闻》，2012 年第 6 期。

科学家名言

把自己的一生跟国家建设和人民需要结合起来，这是我最大的幸福。

——闵恩泽

大科学家小故事

国家需要什么，我就干什么

在石油化工催化领域摸爬滚打了一辈子，闵恩泽半个多世纪的科研生涯可谓波澜壮阔、硕果累累。当问起什么事情最值得骄傲时，他沉思良久，坚定地说："我最骄傲的事是回到祖国！"

多年前，在美国取得博士学位并已工作的闵恩泽，毅然放弃优裕的生活，携妻回国。友人劝阻："在美国安定富裕，中国贫穷落后，何必回去自讨苦吃？"闵恩泽说："再穷也是我的祖国，出国就是为了学习，学好了就要回去。"

当冲破重重阻挠，绕道香港终于踏上故土时，闵恩泽发现，日思夜想的祖国一穷二白、百废待兴。他迅速投身到新中国的石油炼化事业。

1955年，他被安排参与筹建北京石油炼制研究所，任务是通过催化剂研制、中型试验，提出建厂的设计数据。而什么是催化剂？对当时的他来说，还是一个陌生的名词。

"我在美国学的是化学工程，后来又从事'燃煤锅炉中的结垢和腐蚀'课题研究。对于催化剂，我也只是从教科书上见过。"结缘催化剂，闵恩泽也是"半路出家"。

1956年年初，闵恩泽在大连中国科学院石油研究所第一次看到了铂重整催化剂的实物。"那3毫米药片状的小片，我永远也忘不了。"从此，他和他的团队开始在摸索中前行，白手起家，从实验室的几十克催化剂开始，一直到成吨催化剂生产，他在石油炼制催化剂领域里闯出了一片广阔的天空。

从填补空白，到积累经验，再到自主创新、先行一步，闵恩泽的科研之路为何能"踏平坎坷成大道"？他说："国家需要什么，我就干什么。我50多年的科研生涯，是随着国家和行业发展需求不断调整的50年、不断学习的50年。"

吴征镒

中国植物"活字典"

·1916.6—2013.6·

·植物学家·

·中国科学院院士·

·2007 年度国家最高科学技术奖获得者·

在中科院昆明植物研究所的一块石碑上，刻着遒劲有力的八个大字"原本山川，极命草木"。

这句话出自西汉枚乘的《七发》："于是使博辩之士，原本山川，极命草木；比物属事，离辞连类。"意思是让博学善辩的人士，考证山川的本源，穷尽草木的名称，将山川草木的名称归纳起来，使之连缀成文。

写下这几个字的人，正是我国著名的植物学家吴征镒院士。"原本山川，极命草木"不仅是昆明植物所的所训，也是他对自己一生信仰和事业的总结。

❖ 结缘植物：芜园是他第一位"启蒙老师" ❖

1916 年 6 月，吴征镒出生于江西九江。一岁时祖父辞世，举家迁往扬州。他幼时沉默寡言，不善交往，常常独自待在自家的后花园芜园中玩耍。芜园里种着各种花草树木，还有一大片竹林，他常常在园中看花看草看叶看竹，一待就是很久。

园中草木，春华秋实，小小的吴征镒领略到了大自然的神奇，对植物萌发了浓厚的兴趣。

中学时，吴征镒从父亲书房中得到吴其濬的《植物名实图考》和日本牧野富太郎的《日本植物图鉴》，如获至宝。闲暇之余，吴征镒经常对着图谱去芜园里认识那些叫不上名字的花草树木，"看图识物"般的认识了几十种植物，并采集积累了上百份标本。

吴征镒曾风趣地说："我选植物学作为专业，我家的后花园

'芜园'应该是我的第一位启蒙老师。"

1931 年，吴征镒考入江苏省立扬州中学上高中。生物老师为了鼓励他，专门为他在班里举办了展览，展出他采集的植物标本。而这次经历，也让吴征镒坚定了以植物学为终身事业的理想。

1933 年，吴征镒以优异的成绩考取了清华大学生物系，正式开始了他的植物学研究生涯。

1936 年，年轻的吴征镒。

❋ 用脚底板发现新植物的"摔跤冠军" ❋

吴征镒的学术生涯和当时的时局一样动荡。抗战开始后，中华大地战火纷飞，北大、清华和南开大学合并，被迫迁往昆明，改称"西南联合大学"。

徒步迁往昆明的旅程十分艰苦，吴征镒却不以为苦，他在日记中写道，"余同李（继侗）师、毛应斗先生于晨曦中步行。红梅初放，绿柳吐芽，菜花蚕豆亦满田灿烂。"无论在怎样艰难的岁月里，吴征镒最先注意到的，永远是他热爱的植物。

虽然学校被迫迁往云南，但对于研究植物的吴征镒来说，某种程度上算是因祸得福。

云南是我国植物种类最丰富的省份，这里的植物种类占全国的一半以上。吴征镒跟随老师李继侗进行野外植被考察。生活在北地的吴征镒何曾见过这样丰富壮丽的热带、亚热带植物群落。激动之余，他写下了自己的第一篇论文——《瑞丽地区植被的初步研究（附植物采集名录）》。

但好景不长，随着轰炸越来越频繁，户外考察也渐成奢望。谁也没想到，在西南联大攻读研究生并担任助教期间，吴征镒一个人，在标本室昏暗的煤油灯下，查阅前辈从国外收集的资料标本，历时十载，系统整理和鉴定标本，整理出三万多张植物卡片，记载着植物的学名、分布、生境和文献，这三万多张植物卡片，正是后来编纂《中国植物志》的基础资料。

1959 年，吴征镒参加和主持了《中国植物志》的编写工作。研究植物，可不是坐在办公室就能完成的工作。植物工作者们要

1938 年，西南联大时期的吴征镒。

1938 年吴征镒（后排右五）在西南联大读书时在滇西考察留影。

带上干粮，备好行囊，在莽莽群山中穿行，风餐露宿毒虫叮咬都是常事。有人说，3万多种植物里，有1万多种是中国的植物工作者用脚板发现的。

西双版纳是植物的宝库，也是吴征镒考察最频繁的地方。在考察时，吴征镒有个习惯，不看天、不看山、不看景，一路上就低着头观察植物。他是先天平足，平地走路都会摔跤，加上西双版纳的雨季很长，土地常年泥泞，极易滑倒。吴征镒经常一不留神就摔一个大马趴，沾上一身红泥，因此被同事们戏称为"摔跤冠军"。吴征镒本人倒并不在意自己经常摔跤这件事，相反，他认为这挺好的。因为有一次，在文山的时候，正是因为摔了一跤，他发现了一株锡杖兰。这可是个从未被发现的品种，吴征镒喜不自胜，觉得自己这一跤摔出个新物种来，值！

1978年11月9日，昆明植物所所长、植物学家吴征镒（左二）和他的助手在昆明郊区考察植物。

2004年，经过四代植物学家的共同努力，历时45年的《中国植物志》全套出版完成，从此，我国31142种植物有了"人口簿"。而这套书三分之二以上的编研任务，是由吴征镒任主编期间完成的。此时吴征镒说："我是终见《中国植物志》集成的老人，亲历45年的艰辛历程，深感如今功德圆满的欣慰，《中国植物志》传赠世间，莫大幸矣。"

✤ 人生易老天难老，高龄治学不服老 ✤

"人生易老天难老"，是年过花甲的吴征镒经常挂在嘴边的一句话。已经到了退休年龄的他依然"永远在路上"，一次次跑到新疆、西藏等地考察。

据他的学生周浙昆回忆，吴先生60岁高龄考察西藏，随着吉普车的一路颠簸一路笔记，一天下来竟然作出了沿途植物分布的记录。这旺盛的精力和执着的精神，同车的年轻人也自愧不如。

1984年，吴征镒又摔了一跤，这一次就没那么幸运了，股骨头骨折，从此，他需要拄杖而行。但这也没能阻止他跑到东北考察。正是对植物的一生痴爱，支撑着这位年近古稀的老人，冒着大雪拄着拐杖翻越了祁连山。

甚至到了90岁时，吴征镒仍然没有放下植物学研究工作。在91岁高龄时应邀出任《中华大典·生物学典》主编。此时，他的眼疾已很重，家人反对他参与繁重的工作。他回答："我不做，谁来做？"这份治学热情，实在让人惊叹。

1977年，吴征镒（右二）等在西藏考察。

✧ 一生爱好是天然 ✧

吴征镒并不只是关心植物，他和绝大多数中国人一样，还有一颗拳拳爱国之心。

少年时，"九一八"事变发生后，吴征镒愤然写下《救亡歌》古风一首。在昆明西南联大的日子里，吴征镒学习了先进思想。1946年2月，加入了中国共产党。内战时期，学生运动如火如荼，吴征镒也投入其中。

但吴征镒明白，一个强大的祖国，需要方方面面的人才。不是每个人，都适合冲在斗争的第一线。搞好植物学研究，填补我国在植物学方面的空白，为中国在国际植物学研究中争取话语权，才能发挥自己对国家最大的价值。

醉心学术，埋头研究，是吴征镒独特的爱国方式。

在吴征镒院士 70 多年的学术生涯中，他定名和参与定名的植物分类群有 1758 个，是我国植物学家发现和命名植物最多的一位，系统全面地回答了中国现有植物的种类和分布问题，摸清了中国植物资源的基本家底，改变了中国植物主要由外国学者命名的历史。

2008 年，92 岁的吴征镒院士获得国家最高科学技术奖，面对这样的殊荣，吴老却姿态极低地说："我愿意把我的肩膀给大家做垫脚石"。这话一半出于谦虚，一半出于真心。

2013 年 6 月 20 日，97 岁的吴征镒在昆明逝世。但以他的名字命名的吴征镒星，还照耀着这片土地。

明星不陨，精神长存！

参考文献

中国科学院昆明植物研究所：《吴征镒院士生平——深切缅怀吴征镒院士》，中国科学院昆明植物研究所网，2013 年 6 月 21 日，http://www.kib.cas.cn/zt/hnwzyys/jddt/201306/t20130621_387 921 6.html.

《原本山川　极命草木》，《人民日报》，2013 年 6 月 22 日。

科学家名言

> 我的能力有限，年轻的科学工作者一定要后来居上，我愿意把我的肩膀给大家做垫脚石。
>
> ——吴征镒

中国植物"活字典"

1983 年，吴征镒到英国考察，来到大英博物馆。英国人安排请中国植物学家鉴定清朝时期驻华的英国大使在中国采集的一些至今未能鉴定的标本。

吴征镒用放大镜认真观察了标本，然后用流利的英语说出了每一种植物的拉丁学名，它们的科、属、种、地理分布、曾经记录过的文献、资源开发的意义等。他对植物研究的精深和超群的记忆力，令英国人赞叹不已。

中科院昆明植物所所长李德铢告诉记者，由于对植物研究的深厚功底和广博知识，吴征镒被称为中国植物的"活字典"。

这样的赞誉来自吴征镒对植物学研究的热爱和数十年的潜心积累。不管是在战火纷飞的岁月中，还是面对新中国成立初期百废待兴的艰难，或是在动荡的"文革"时期，他从来没有放弃过植物学研究。

在西南联大任职期间，他在茅草房里创建了一间用破木箱和洋油筒建成的植物标本室，这个极为简陋的标本室竟然拥有两万多号标本；他在云南进行了大量的科考调查，和几个年轻教师一起在昆明郊区的一个土地庙里自画自刻自印，历时3年，出版了石印版的《滇南本草图谱》。

他还用了整整十年时间，抄录和整理了我国高等植物各种属的文献记载，以及这些植物的分布，完成了一套3万多张的中国植物卡片，成为后来《中国植物志》最基本的资料之一。

20世纪70年代，他在"牛棚"中完成了《新华本草纲要》的初稿，对当时中草药名物混乱的情况进行了大量校订，为我国中草药的规范化、科学化和走向世界奠定了基础。

"他是世界上最杰出的植物学家之一，是一位对中国乃至世界其他地方的植物有着广博知识的真正学者。"一位美国科学院院士这样评价吴征镒。

2008年

王忠诚

"生命禁区" 拓荒牛

· 1925.12—2012.9 ·

· 神经外科专家 ·

· 中国工程院院士 ·

· 2008 年度国家最高科学技术奖获得者 ·

他是世界上做脑血管畸形手术数量最多、经验最丰富的神经外科专家；是世界上唯一做开颅手术超过万例的人，被誉为“万颅之魂”；他做脑干手术多达 524 例，手术死亡率不到 1%；他完成的 290 例脊髓内肿瘤切除手术，无一例死亡，无一例瘫痪；他是中国神经外科的开创者之一，从医 60 年，他从死神手里抢救回了无数生命；有人说，他是“华佗再世”，也有人说，他能治的病，大概当年华佗也治不了。

他就是我国国家最高科学技术奖获得者，中国工程院院士——王忠诚。

❖ 一定要学习神经外科 ❖

1925 年 12 月，王忠诚出生在山东烟台的一个贫寒家庭。家境困难的他靠着半工半读考入了北平大学医学院（今北京大学医学部），成为家里唯一的大学生。1950 年，25 岁的王忠诚大学毕业，成为天津总医院的一名外科大夫。

1951 年，作为业务骨干，他随抗美援朝医疗队远赴战场抢救志愿军伤员。也正是这次特殊的经历，让他转向了神经外科。

回忆起当时，他说：“抗美援朝伤员很多，各种伤员都有，像外科、骨科、泌尿科、胸外科，我都曾经学过，都有一些办法，但是脑外科我一点不懂，只能看着伤员痛苦呻吟甚至死去，觉得很内疚，那时候我就下决心，有一天，如果国家能够有神经外科，我一定要去学，要把中国的神经外科建立起来。”

1951 年冬，天津抗美援朝医疗队到达吉林洮南，王忠诚（三排右二）为第三组组长。

1952 年，国家卫生部在天津筹建神经外科培训班，他申请加入，成为新中国第一批神经外科医生。不久，中国第一个神经外科研究所在北京成立，王忠诚随之调到北京。

在我国神经外科创业初期，由于西方对中国实行封锁政策，国内对脑部疾病诊断方法很落后，治疗也不可避免地带有相当大的盲目性。当时的神经外科界就有"诊断难死人，手术累死人，疗效气死人"之说。那时，血气方刚的王忠诚认识到，诊断是治疗的基础，于是决心开创我国自己的脑血管造影技术。

"纸上得来终觉浅，绝知此事要躬行。"整整一个夏天，王忠诚和同伴泡在医院一间密不透风的房间里，反复在尸体上进行研究和试验，终于成功掌握脑血管造影技术。又经多年临床实践和不断完善，终于在 1965 年出版了囊括 2500 份造影资料的《脑血管造影术》。这部著作标志着中国神经外科划时代的进步，使中国神经外科诊断技术同世界先进水平缩短了 30 年！

然而，由于当时的隔离防护措施较差，王忠诚在做实验时几乎完全暴露在放射线中，他的免疫系统遭受了极大的损伤。

"当时他做一次脑血管穿刺的 X 光验证，所接受放射线的剂量就相当于做胸透大夫几个月的总和。"王忠诚最早的弟子罗世琪回忆说，"由于超大剂量反复接触放射线，他的白血球降到 2000多，只有正常人的一半，一辈子都没有恢复。"

脱发，牙龈出血，体质大为减弱，多次患肺炎，有两次险些丢掉性命……对于这些，王忠诚无怨无悔，"我知道危害性有多大，但是豁出去了！外国人能做，我们也一定要想办法研究出来。"

❖ 不怕担责，为人所不敢为 ❖

人脑是人的生命、思想、行动中枢。虽然人脑的重量为 1400克左右，只占人体体重的 2%，但它每分钟的血流量为 700—1000毫升，占全心输出量的 15%—20%，除了有丰富的血液，人脑里面还有丰富的神经纤维，这些神经纤维比头发丝还细，线路非常复杂。人脑就像豆腐一样，很软，一捏就坏了。因此要给人脑动手术，勇气、能力、创新、仁心缺一不可。

1985 年，河南省新乡市 17 岁的赵拴柱被送进了医院，他的颅内长了一个直径约 9 厘米的巨大动脉瘤，这是有文献记载以来该部位发现的最大动脉瘤。更危险的是，它像气球一样充满了血，随时可能破裂出血，危及生命。

王忠诚迎难而上，接下了这个手术任务。手术刚一开始，病人的呼吸、血压就都没了。是瘤体破裂！按国内外医学惯例，遇到这种情况就要放弃手术。不救也在情理之中，可王忠诚果断地决定："立即开颅！"

颅骨打开，鲜血喷涌而出，常规方法无法止住这样的大出血。王忠诚出人意料地将两个手指伸进颅脑，凭着经验和手感，准确探寻到破裂处，堵住了出血点。5 个半小时后，瘤体被摘除了，

1992 年，王忠诚（中）出席"国际脑卒中会议"。

病人慢慢恢复了呼吸，血压也逐步正常。王忠诚后来回忆说："当时只是想，只要有一丝机会，也要试试看。"

❀ 向"不治之症"进军，勇闯生命禁区 ❀

脊髓内肿瘤切除手术是另一个世界性医学难题，长期以来，这种病的治疗效果差，术后瘫痪多，往往"治不了聋又添哑"，国外几乎无人问津。面对困难，王忠诚没有退缩，毅然决然地把手术刀探进这一禁区。

1995年春天，江苏淮阴市的一个年轻男孩被送进天坛医院，他的脊髓内长了一个粗约2.5厘米、长约22厘米的巨大肿瘤，共挤占了9节椎体，把脊髓挤压成了扁片，造成全身肌肉严重萎缩。

王忠诚知道，这个手术的难度实在太大了。但这座"山"不仅要翻，而且一定要翻过去。手术那天，年逾古稀的王忠诚在手术台前整整奋战了10个小时，直到把巨瘤完全剥离。

两年后，当医院派出的复查小组来到淮阴，看到的是一个连煤气罐都能扛的健壮小伙了。

这是当时世界上成功切除的最大一例脊髓内肿瘤，病人没有留下一点后遗症。国外同行直呼不可思议，把这次手术称为"惊动世界的世纪之作"。

半个多世纪的职业生涯里，王忠诚不断向威胁病患健康的疑、难、重症发起挑战，带领团队一次又一次地勇闯生命禁区。

人的脑干充满了重要神经核团，在医学界一直被视为手术禁

1995 年王忠诚在美国主持"伽玛刀国际会议"。

区。在这里"动刀子"，被称作是"在万丈深渊上走钢丝"。每一个细微动作都可能关系到生死存亡。

但王忠诚经过研究观察，认为"有些病人，肿瘤把脑干压成了一薄片，做完手术，症状反而改善了，这说明脑干是有可塑性的，神经是有可塑性的，要好好研究"。

经过十几年攻关，王忠诚终于循序渐进地突破了这个禁区。1995 年 11 月，他在悉尼召开的国际神经外科大会上作了题为"脑干肿瘤 250 例"的学术报告，震惊了世界同行。之后，他带领团队做了千余例脑干肿瘤手术，数量之多，死亡率之低，始终保持世界第一。

❈ 常修从医之德，常怀律己之心 ❈

成功治疗世界上最大的脑干血管母细胞瘤，成功治疗世界上最大的枕大孔脑膜瘤，一次成功切除 10 个脑干和脊髓内多发血管母细胞瘤……在医学"吉尼斯纪录大全"里，王忠诚保持着神经外科手术的多项世界纪录。

人们经常说，"才不近仙者，不能为医"。但王忠诚却认为，自己不但不聪明，而且"比别人反应都慢"，他把成功的要素归结为自己始终把病人放在第一位。

"任何时候都要为病人争取生的希望，首先要考虑病人的安危！"从医几十年，他一直坚持着这样的初心。他常说："当医生必须有技术，但首先是要有服务精神，必须把病人放在第一位，为病人提供最佳的治疗方案。"

每次手术后，他也总是不放心，总想去看看，或者打电话询问病人康复情况。他说："我们不但要把人救活，还要让他能活蹦乱跳才行。"

王忠诚指导学生研究显微解剖。（新华社资料照片）

全国上万的神经外科医生，有近三分之一是在王忠诚的指导下成长起来的。他不仅教他们医术，更重要的是教给他们行医原则。"作为一个医生，要真正地体贴病人、关心病人，不要把医生的身份高于病人。拿起手术刀，不停地去掉病人身上的痛苦。千万不要去割断与人民的感情。"

北京清华长庚医院副院长王劲在回忆父亲王忠诚时说："父亲对病人非常耐心，不管病人是高官还是农民，有钱还是没钱，父亲对他们都一视同仁，并且一直觉得病人是医生的老师，因为医生学到的知识有可能是从病人的死亡病例或并发症上学到的。'病人也对我们的成长做出很大贡献。'这是他常挂在嘴边的话。"

2012年9月30日下午，王忠诚因病医治无效在北京医院逝世，享年87岁。"忠贞报国贯一生，为万千医者楷模。诚敬行医六十载，树一代大师风范"。忠于祖国，诚于事业；忠于病人，诚于奉献。这就是王忠诚！

参考文献

李舒亚：《"万颅之魂"王忠诚：当个好医生不容易》，《人民画报》，2009年第1期。

科学家名言

> 我希望你们拿起手术刀，在世界神经外科状元榜上不断刻上中国两个字。
>
> ——王忠诚

大科学家小故事

让中国的神经外科跻身于世界之林

自 20 世纪 50 年代开始,王忠诚最熟悉的地方就是手术台,他坚守了整整半个多世纪。即使当他已经不能再像以前一样亲自在手术台上救治病人,但只要需要,他仍然坚持为重症疑难病人会诊,坚持在手术台前督阵。在天坛医院神经外科的病房楼层,人们几乎天天能看到这位满头银发老人穿着白大褂的身影。

这份坚守来自他的一个梦想——"让中国的神经外科跻身于世界之林"。中国的神经外科起步艰难,比世界发达国家晚了近半个世纪。刚刚进入这一领域时,手中连一个颅脑实体标本都没有,他就和同伴们到郊外的乱坟岗里寻找头骨,消毒漂白,制成标本。

我国对脑外伤和颅内肿瘤的检测手段非常落后,确定脑肿瘤部位和性质,只能采用"开颅探查"的办法,手术死亡率高达 24%。

当时西方国家对我们封锁世界上比较先进的"脑血管造影"技术。"我的心里憋着一股劲儿,你们封锁,我就拼了命也一定攻克它。"回想起最初的艰辛,王忠诚难掩激动。

　　为了掌握这项技术，王忠诚在没有防辐射装备的条件下，成百上千次地作 X 光验证。他连续六次患上肺炎，有一次甚至胸腔积水危及生命。

　　就这样，王忠诚用 7 年时间积累了 2500 份脑血管造影资料，于 1965 年出版了我国第一部《脑血管造影术》专著。这本中国神经外科史上里程碑式的专著，使我国神经外科诊断水平一步跨越了 30 年。

徐光宪

稀土贱卖命运的终结者

· 1920.11 — 2015.4 ·

· 物理化学家 ·

· 无机化学家 ·

· 中国科学院院士 ·

· 2008 年度国家最高科学技术奖获得者 ·

"21 世纪是知识经济的世纪，也是中华腾飞的世纪。知识经济的灵魂在于创新。勤奋学习积累深厚的基础，加上追根到底万事必问为什么的好奇心，就是创新的源泉。"

正是因为有这种创新精神，他结束了稀土"贱卖"的命运，使我国实现稀土资源大国向稀土生产大国、出口大国的转变及飞跃。

他是徐光宪，一位"桃李满天下，师德传四方"的高校工作者；一位顺应祖国需要，四次改变研究方向的科学家。

❖ 辗转求学，毅然回国 ❖

1920 年 11 月，徐光宪出生于浙江绍兴。他的父亲徐宜况（1883—1933）从事律师工作，兼营工商业，熟悉《九章算术》，编著并自费刻板印刷《中日围棋百式》一书。徐光宪逻辑思维的养成与年少对数学的兴趣均得益于他的父亲。

20 世纪 30 年代，正值兵荒马乱之际，家道中落，年幼的徐光宪独自一人来到上海的哥哥家，白天到附近的大学听课，晚上则兼职家教谋生。为了省钱他考取了学费最便宜，并且还有奖学金的国立交通大学。

大学毕业后，他选择到上海宝华化工厂工作，工厂倒闭后经由交通大学的教师推荐回到交大当助教，随后通过国家留学生考试赴美国哥伦比亚大学留学，主修量子化学并于 1951 年 3 月以《旋光的量子化学理论》为博士论文，完成答辩，获得博士学位。

新中国成立后，徐光宪毅然放弃在美国的优厚待遇踏上回国

徐光宪博士学位证书。

徐光宪与妻子在美国哥伦
比亚大学的合影。

的征程。在美国政府国会通过禁止中国留学生回国的政策生效之前，徐光宪与妻子假借父母病重需要子女回国探亲的名义乘船离开了美国，1951 年 4 月，他们终于回到了祖国。

✦ 响应国家号召，萃取原子弹原料 ✦

归国后，徐光宪和妻子高小霞双双进入北京大学工作，共同致力于为祖国培养高科技人才。1955 年，中央决定要研制原子弹，由于回国科学家中研究原子核物理的专家不多，于是国家兴起"全民办原子能"的号召，要求北大、清华等高校建立原子能系，并动员邻近领域的学者转行研究原子能。

为了响应国家的号召，徐光宪根据国家需要，将核燃料萃取

1985 年 3 月 5 日，徐光宪和夫人、著名化学家高小霞教授在实验室里工作。

化学作为自己新的研究方向，为打造北大技术物理系这一"核科学家的摇篮"做出了杰出贡献。那时，萃取化学是国际上最新兴起的学科。由于相关学科资料十分稀缺，徐光宪从整理资料入手，在上千个卡片中寻找线索，并总结出关于萃取的普遍规律，使这些研究成果能迅速运用到我国的原子能工业中。

1964 年，徐光宪参加了二机部在青岛召开的绝密会议。在会上，徐光宪和其他几名教授一起提出应用我国仿照美国先进的 Purex 流程自主研究的萃取法筹建核燃料后处理厂，制造原子弹原料——钚。这种方法成本低，促使了我国的核工业在苏联专家撤走后能尽快走上快速发展的轨道。

❖ 分离稀土"两兄弟" ❖

业界有这样的说法："谁掌握了稀土，谁就全天候掌握了战场。"作为工业"维生素"，稀土是隐形战机、超导、核工业等高精尖领域必备的原料，提炼和加工难度极大，珍贵稀少。我国拥有世界上最大的稀土资源储备量，但直到 20 世纪 70 年代，我国还不具备提取高纯度稀土资源的能力，只能通过向国外出口廉价的稀土原料然后再进口高纯度的稀土产品。

为了走自力更生的道路，打破外国人在稀土领域的垄断，1972 年，徐光宪所在的北京大学化学系接到了一个军工任务，即高纯度的分离稀土元素中性质最为相近的镨和钕。

镨、钕在希腊语中是双生子的意思，这是因为二者的分离难度高，当时使用的最先进的分离方法是离子交换法，但这种方法最大的问题是生产速度慢、成本高。

面对如此困难的任务，徐光宪没有放弃，而是以极大的热情投入到他人生中的又一次专业方向转变中，即提纯稀土。

徐光宪说："这两种元素比孪生兄弟还要像，分离难度极大。但中国作为世界最大的稀土所有国，长期只能出口稀土精矿和混合稀土等初级产品，我们心里不舒服。所以，再难也要上。"

为了解决科研难题，徐光宪阅读了大量文献，在美国宣告失败的维拉体系中获得启发，创造出一套新的串级萃取理论，并将纯度提高到 99.99%，打破了世界纪录。

徐光宪认为科研人必须立足于基础研究，着眼于国家目标，独立自主地走自己的创新之道。

❖ 终结稀土"贱卖命运" ❖

1974年9月，包头稀土三厂成功地将这一新工艺技术应用于稀土分离的实践中，完成世界首次应用推拉体系高效率萃取分离稀土的工业生产。1978年，他率先办起"全国串级萃取讲习班"，把他的科研成果在国营工厂里无偿推广，稀土生产工厂如雨后春笋般涌现。

到90年代初，由于我国单一高纯度稀土大量出口，国际稀土价格降为原来近四分之一，成功改写了国际稀土产业的格局，很

2008年11月19日，徐光宪在工作。

多外国稀土生产厂家不得不减产甚至停产，他们把这称为"China Impact"（中国冲击）。

在新技术、新理论改变我国稀土生产格局的同时，也出现了新的问题。中国是稀土生产大国，但自己却没有定价权。美国、日本等国家关闭自己的工厂，却以低廉的价格购买中国的稀土，稀土一度卖出了"猪肉价"，这一情况让徐光宪忧心忡忡。

2005 年至 2006 年，徐光宪两次上书国务院，呼吁保护我国内蒙古白云鄂博地区宝贵的稀土和钍资源，避免包头市和黄河受放射性污染。2009 年，徐光宪在香山科学会议上提出，要用 10 亿美元外汇储备，建立稀土和钍的战略储备，控制生产和冶炼总量，并建议重点支持几家企业主导产业发展，让稀土产业走上健康有序发展之路。

❖ 桃李满天下，师德传四方 ❖

在整个学术生涯中，徐光宪从量子化学到络合物化学，再转入核燃料萃取方向，接着是稀土分离，最后又回到量子化学方向，四次转变研究方向，永远将祖国的需求放在第一位。

在理论研究之余，徐光宪培养了近百名的博士生和硕士生，他们继承了恩师身上优秀的人格品质和治学理念，一直活跃在科学研究的第一线，为我国科技事业的发展贡献着自己的光和热。

在学生的眼中，恩师徐光宪是科学界的"大师"，更接近研究科学的"哲学境界"。正如徐光宪的学生黎乐民院士所言"几十年来，先生为适应国家需要，四次变更科研方向，每次都能看准前沿，迅速取得累累硕果，一方面是由于他有为祖国科研事业作出贡献的强大精神驱动力，另一方面也由于他具有广博深厚的学科基础"。

德才兼备、虚怀若谷、平易近人就是徐光宪的人格写照，他一生的重要选择都是根据祖国的需要而做出的。在稀土这个与国计民生密切相关的领域里，徐光宪凭借领先世界的串级萃取理论取得了一个中国传奇，培养出一批批优秀人才。

这就是徐光宪，一位心系国家的科学大家，一位魅力无穷的化学泰斗！

参考文献

叶青，黄艳红，朱晶：《举重若重：徐光宪传》，中国科学技术出版社、上海交通大学出版社2013 年版。

叶青，朱晶：《徐光宪：举重若重》，《中国科学报》，2014 年 11 月 28 日。

王庆环：《"稀土之父"徐光宪：走自己的创新之路》，《光明日报》，2015 年 4 月 29 日。

王斯敏：《徐光宪：事业比天大》，《光明日报》，2006 年 5 月 10 日。

科学家名言

　　小孩子好奇心很重，不但不能压制，还要鼓励。很多人搞科研，搞创新，动力就是好奇心。

——徐光宪

脑中也要有这样的"抽屉"

小时候，徐光宪体弱多病，常去看中医。不曾想，这却让他收获了健康之外的东西。"抓中药时，我看到药铺的柜子上全是小抽屉，上面贴着药名，一清二楚，非常方便。我就想，我以后脑袋里也要有这样的抽屉，把学到的知识分类装起来"。

"抽屉情结"让徐光宪养成了收集资料，并分类做卡片的习惯，他的"卡片"装满了五个半人高的文件柜。拉开柜门，是满满当当的文件夹，每个都编了号，细心地贴上了资料类别。

"我用的是自己的分类方法，和现行图书分类法不同。"徐光宪的思维触角早已突破了理科范围，向"文理交融"的广阔空间延伸。

"我把知识系统分为三大子体系。一是哲学宗教，哲学处理精神世界，宗教处理信仰世界；二是文学艺术，它们处理情感世界；三是科学技术，负责处理物质世界。科学技术又分为社会科学、数学和自然科学、文理交叉科学等七个分体系。"

徐光宪的分类法清晰简明，令人耳目一新。

虽是知识分类的"业余专家"，徐光宪的研究却可谓深透："5000 年前，世界上只有三门学科：语言、图腾、技艺；2000 年，已经增加到 5000 门；预计到本世纪中叶，应该有 20000 门学科，其中 15000 门是等待新创的。中国人至少要创造 1/5。你们年轻人要在 2050 年前担负起创造这 3000 门新学科的使命，要考虑在哪些领域能够创新。我认为，创新将是在学科交叉的领域里。我对咱们的年轻人很有信心。"

2009年

谷超豪

数苑从来思不停

· 1926.5 — 2012.6 ·

· 数学家 ·

· 中国科学院院士 ·

· 2009 年度国家最高科学技术奖获得者 ·

“人言数无味，我道味无穷”，谷超豪曾说，“在我的生活里，数学是和诗一样让我喜欢的东西。”

谷超豪作为现代中国第二代数学家代表人物，在被誉为“金三角”的微分几何、偏微分方程和数学物理三个领域都做出了卓越贡献，特别是其创立的复旦大学偏微分方程学派具有国际知名度。

作为迄今唯一获得国家最高科学技术奖的第二代数学家，谷超豪卓越的数学成就举世公认。

年少好学，立志做大事

1926 年 5 月，谷超豪出生于浙江永嘉县城（今温州市区）。1931 年，5 岁的谷超豪进入私塾，接受启蒙教育。1933 年，入瓯江小学（今温州市广场路小学）二年级就读，在课堂上，谷超豪思想活跃，喜欢独立思考，各门功课都学得很好。

高中时期的谷超豪。

谷超豪从小就喜欢数学，他说：“我对数学的兴趣源于小学三年级接触到循环小数，数学要靠想象，这个无限的概念激发了我的想象能力，之后我便爱上了数学。”

1938 年，成绩优秀的谷超豪免试转学至温州中学初中部，上学期间，他不满足于课本知识，看了不少课外书，如刘薰宇著的《数学园地》，其中介绍的微积分和集合论的初步思想，让他对数学产生了更浓厚的兴趣。

当时，正值日寇加紧对华侵略之际，中华民族的生存面临最为严重的危机，爱国救亡的呼号成了整个时代的主题。1938年，日军轰炸温州，整个城市瘫痪了，学校也被炸毁了。眼前的一切，让少年谷超豪深切地体会到屈辱和愤慨。

在学校礼堂里，谷超豪看到了孙中山先生的一句话——"青少年要立志做大事，不可立志做大官。"

国家兴亡，匹夫有责。从此，当科学家，做革命者，就成了谷超豪的两大志向。

在家人的影响下，谷超豪阅读了《大众哲学》等进步书籍，加入学校的进步组织，写文章、贴标语，为抗日宣传做后勤工作。1940年，年仅14岁的谷超豪加入了中国共产党。

✧ 智超群豪，事业爱情双丰收 ✧

1943年秋天，谷超豪考入浙江大学，大学生活十分充实，他一边闹革命，一边挤出时间学数学，他还参加了陈建功、苏步青分别主持的函数论和微分几何讨论班。

1948年，谷超豪大学毕业并留校任教。1951年，谷超豪最早的微分几何论文《隐函数方程式表示下的K展空间理论》在《中国科学》上发表，引起了国际数学界的注目。

1947年浙江大学数学系师生合影（中排左五为谷超豪）。

1957年，谷超豪赴苏联莫斯科大学进修。1959年，莫斯科大学举行盛大的庆祝宴会，该校校长、数学家彼得洛夫斯基热情洋溢地向谷超豪道贺，因为他被破格授予物理 – 数学科学的博士学位。按照苏联的学位制度，获得博士学位是很艰难的。

数学也成就了谷超豪的爱情之梦。1950年8月，毕业于大夏大学数理系的胡和生到浙江大学读研究生，师从苏步青教授。二人相遇于浙江大学求是园的图书室，因为对微分几何的共同爱好而走到了一起。

1952年胡和生在院系调整时，随苏步青教授到了复旦大学。1953年7月谷超豪也来到复旦大学。1957年二人结婚。婚后，二人不仅在生活上相濡以沫，更在事业上携手共进。胡和生是中国数学界唯一的女院士，更成为第一位走上国际数学家大会讲台的中国女性。

1974年，正从事规范场论研究的杨振宁发现，规范场与微分

谷超豪在莫斯科大学科学博士论文答辩会上作报告。（新华社资料照片）

几何有着密切关系。巧合的是，杨振宁的父亲杨武之也是复旦大学数学系教授，此前在与儿子重聚时，就向他介绍过复旦在微分几何领域有很强的实力，而谷超豪是这一学科的带头人之一。

于是，在 20 世纪 70—80 年代，杨振宁便与谷超豪所率领的团队展开了合作，其中当然包括一直致力于微分几何研究的胡和生院士。

杨振宁曾高度评价谷超豪的研究，称赞他"好像站在高山上，看到了全局"。谷超豪和杨振宁合作，联合发表了题为"规范场理论若干问题"的论文。之后，谷超豪在美国就偏微分方程理论和规范场的数学结构作了学术报告，博得美国数学家和物理学家的高度评价。

谷超豪成功地建立了规范场的闭环路位相因子方法和决定时

1977 年复旦大学与杨振宁进行规范场合合作研究时的全体人员合影（左起：胡和生、忻元龙、郑绍濂、孙鑫、谷超豪、严绍宗、杨振宁、沈纯理、夏道行、李大潜）。

空对称性的基本方法，又一次引起了国际数学物理界的注目，应著名杂志《物理学报告》的特邀，写成专著"经典规范场"，作为一期发表，该杂志还破例用中文刊出了摘要，这是中国学者第一次在该杂志上出专辑，得到了国内外同行的高度赞扬和广泛引用。

✧ 不负恩师，带年轻人进数学世界 ✧

谷超豪曾说，研究数学与带好学生是最能给他带来快乐的两件事。在谷超豪扬名学界之后，他的老师、一代大数学家苏步青先生曾不止一次地讲："我的学生超过我了。"但他又说："谷超豪只有一点没有超过老师，就是没有培养出像谷超豪似的学生来。"对此，谷超豪深感责任重大，"我觉得在很多地方都不如苏先生，特别是这句话，是在将我的军，要我好好培养学生。"

从教 60 年后，谷超豪自觉"可以向苏先生交账了"。在谷超豪精心培养的学生中，有 9 人先后当选为中国科学院院士或中国工程院院士。谷超豪从事研究有一个特点，每当他开拓出一个新领域，就毫无保留地传授给学生，把学生推向这一领域的前沿。于是，他的弟子们个个成为一方"高手"，构成了一支超强的科研队伍，使复旦大学数学研究所成了一个数学"大门派"。

谷超豪（右）等在谈论力学中的数学问题。（新华社资料照片）

2008年教师节，谷超豪当选上海市教育功臣。可是谷超豪并不满足。他曾写过一首咏太阳花的诗："偏怜人间酷暑中，朝朝新蕾化新丛。笑倾骄阳不零落，抚育精英毋闲空。"

他说："数学是一切学科的基础，我期待把更多的年轻人带进数学这个奇妙的世界。"

参考文献

张剑，段炼，周桂发：《一个共产党人的数学人生》，中国科学技术出版社、上海交通大学出版社2014年版。

张剑：《未尽其才的数学家谷超豪：在"红"与"专"之间徘徊》，澎湃新闻，2016年1月18日，https://www.thepaper.cn/newsDetail_forward_1420719.

科学家名言

看准国家需要什么，然后尽力去做。

——谷超豪

大科学家小故事

在睡梦中解题

1943年，自小喜爱数学的谷超豪考入浙江大学龙泉分校数学系。他积极参加党的地下工作，组织求是学社，学习马列主义，参加"五二〇反饥饿反内战"学生运动，同时，他开始了钟爱一生的数学研究生涯。

谷超豪在大学三年级时遇到了仰慕已久的数学家苏步青。

"一开始，苏先生就给了我一篇道格拉斯的变分反问题的论文。"谷超豪说，"当时我还是学生会负责人，在紧张的学生运动中非常繁忙，不过我仍强迫自己抽出时间攻读论文。"

接近100页艰涩难懂的论文读完，谷超豪明白了一点："有信心加努力，总归能学懂的。"

在苏步青的指引下，谷超豪对数学从有兴趣到有信心，从喜爱到痴迷，为这门科学奉献终身——"人言数无味，我道味无穷。良师多启发，珍本富精蕴。解题岂一法，寻思求百通。幸得桑梓教，终身为动容。"

在睡梦中解题，这样传说中的故事曾真实发生在谷超豪的身上。有段时间，他对苏步青先生课程中"K—展空间"非常感兴趣，日思夜想。一天晚上在睡觉时，灵感忽然来了，谷超豪忽然设想出有关子空间理论的一种想法，并构想了一种适宜于解决这个问题的新方法，于是他立即翻身坐起，彻夜进行大量复杂的计算，终于获得成功。

"我拿着这些结果向苏先生汇报，他非常高兴。"谷超豪说，"这是我在苏先生指导下完成的最初的系统性的研究。"

孙家栋

"嫦娥工程"总设计师

·1929.4 —·

·探月工程总设计师·

·中国科学院院士·

·"共和国勋章"获得者·

·"两弹一星功勋奖"获得者·

·2009年度国家最高科学技术奖获得者·

2019 年 9 月 17 日，第十三届全国人民代表大会常务委员会第十三次会议决定授予孙家栋等 8 名同志"共和国勋章"，该勋章授予为党、国家和人民的事业作出巨大贡献、功勋卓著的杰出人士，是国家最高荣誉！

比起同期获得勋章的袁隆平、屠呦呦这些耳熟能详的科学家，孙家栋算不上有名，但说起"嫦娥工程"大家肯定都不陌生，孙家栋就是这项探月工程的总设计师！ 7 年学飞机，9 年造导弹，50 年放卫星，他的履历俨然一部共和国航天发展史。

✷ 留学苏联，从地面转战太空 ✷

1929 年 4 月，孙家栋出生于辽宁省瓦房店市一个普通的教员家庭。成绩优异的他 13 岁就被哈尔滨第一高等学校土木系录取。后因战乱停课，孙家栋也失去了读书机会。直到 1948 年 9 月，他考入了哈尔滨工业大学，继续学业。在校期间他努力学习并很快精通俄语，为之后去苏联留学打下了坚实的语言基础。

1952 年，孙家栋被选派至苏联留学。1958 年 3 月 10 日，经过六年的寒窗苦读，孙家栋以榜

孙家栋的资料照片。（新华社发）

首的成绩从茹科夫斯基空军工程学院毕业，并荣获了该校最高奖章——"斯大林金质奖"。同年 4 月，他回到了祖国，在钱学森的身边进行新中国导弹发动机的研究。

1957 年 10 月，苏联发射了人类历史上第一颗人造地球卫星。1967 年，中央决定组建中国空间技术研究院，在钱学森钦点下，38 岁的孙家栋出任卫星总体设计部负责人，组建起了中国第一个人造卫星的设计团队。

孙家栋提出，要对过去的方案进行简化，去掉卫星上的很多探测仪器，不追求高难技术，只要做到"上得去、抓得住、看得见、听得到"。当时卫星直径只有 1 米，反光也很差。孙家栋和团队想了一个"借光"办法，在三级运载火箭上做一个球体，这个球体鼓起来以后，直径能到三米。上天以后，三米球起到一个引

孙家栋正在观察分析卫星在轨道上运行的情况。（新华社记者杨武敏摄）

导作用，等看见它了以后，就能在周围找到卫星。

1970 年 4 月 24 日，"东方红一号"卫星发射成功。

从此，孙家栋一直持续卫星研制，一干就是 50 年。在他从事航天工作的 50 年里，主持研制了 45 颗卫星，创造了中国航天史上很多个"第一"。他先后担任我国第一颗人造地球卫星"东方红一号"、第一颗遥感探测卫星、第一颗返回式卫星总体设计负责人，风云二号卫星工程总设计师，我国北斗导航系统第一代、第二代工程总设计师，主持实现了北斗卫星导航系统的组网和应用。

✤ 走向世界：中国的火箭成功进入国际市场 ✤

自 1985 年中国航天部极有自信和底气地宣布将"长征"系列运载火箭投入国际商用市场以来，中国已将 45 颗外国制造的卫星成功地送入太空，在国际商业卫星发射服务市场中占有了一席之地。

如此成就，离不开孙家栋等科学家的努力。那时候的中国改革开放没几年，国际市场对中国航天事业既不了解也不放心。如何将中国的运载火箭推销出去，成为一个巨大的难题。

打铁还需自身硬，当时美国的挑战者号航天飞机在升空后 73 秒时爆炸解体坠毁，而我国的长征三号运载火箭多次发送成功。"你们的卫星我们帮你们发射，不仅要发射成功，还要准！"有了强有力的事实依据，谈判时的孙家栋充满自信。

1988 年，香港亚洲卫星公司选定了用长征三号运载火箭将

"亚洲一号"通信卫星送入太空。这是中国第一个商业卫星发射服务合同。

但由于卫星是由美国制造的，要从大洋彼岸运到中国，就必须有美国政府发放的出境许可证。中美两国政府间就国际商业发射服务协议开始了艰难而漫长的谈判。孙家栋作为谈判代表团团长带领团队与美方经过多轮磋商，终于在 1989 年 12 月 19 日签署了协议，为第一颗外国的卫星能从中国的运载火箭上顺利升空扫清了障碍。

从 1985 年提出进入国际市场的动议，到 1990 年 4 月 7 日，"长征三号"运载火箭成功地将"亚洲一号"通信卫星送入预定轨道，整整花了 5 年的时间。

1994 年 12 月，孙家栋被任命为"北斗导航试验卫星"工程总设计师。2004 年 5 月，他又被正式任命为"北斗第二代导航卫星"工程首任总设计师。

❉ 上九天揽月："嫦娥工程" ❉

2004 年 1 月，中国绕月探测一期工程正式启动，并命名为"嫦娥工程"，孙家栋任总设计师。自从担任探月工程总设计师后，孙家栋就成了"空中飞人"。他有时一周去三四个城市。老伴魏素萍说，孙家栋平时喜欢穿布鞋，每年光布鞋就要给他买四五双。

"嫦娥工程"分"绕、落、回"三步走，2007 年 10 月 24 日，"嫦娥一号"卫星发射，拉开了中国人探索月球的序幕。"嫦娥一号"

2010 年 12 月 15 日，孙家栋在西昌卫星发射中心。(新华社记者李明放摄)

卫星顺利完成环绕月球的那一刻，航天飞行指挥控制中心内，人们在欢呼鼓掌拥抱时，孙家栋却走到一个僻静角落，背过身子，偷偷地擦掉了脸上的泪水。

他太激动了，因为他知道绕月探测工程的重要性，曾经是多么害怕失败，自己也已经老了，还会有机会能够重来吗？这是一条只许成功不许失败的道路，现在终于走过去了，自己也能放下心来。

2010 年成功发射"嫦娥二号"，对我国深空探测能力进行了验证；2013 年成功发射"嫦娥三号"，实现我国航天器首次地外天体软着陆。2019 年 1 月 3 日，"嫦娥四号"成功登陆月球背面，首次实现人类在月球背面软着陆。1 月 11 日，"嫦娥四号"着陆器与"玉兔二号"巡视器正常工作，在"鹊桥"中继星支持下顺利完成互拍，标志着"嫦娥四号"任务圆满成功。

孙家栋说："过去几十年间，中国实现了航天事业的飞跃，梦想逐一变成了现实。看到如今航天人才辈出，我感到很欣慰。如果我们这一代人实现不了登月的梦想，相信通过下一代人的努力，中国人一定能圆梦。"

参考文献

王建蒙：《孙家栋传》，中国青年出版社 2015 年版。

孙英兰：《中国"卫星之父"孙家栋的航天传奇》，《瞭望》新闻周刊，2010 年第 2 期。

付毅飞：《孙家栋：干航天，一辈子也不会累》，《科技日报》，2019 年 9 月 19 日。

《航天科技孙家栋：这是祖国给所有航天人的荣誉》，中国科学院网站，2009 年 10 月 15 日，http://www.cas.cn/ky/kjjl/gjzgkxjsj/2009n/sjd/mtbd/201001/t20100111_2724506.shtml.

科学家名言

搞航天工程，没有好坏，只有成败。要保成功，就必须发扬严格、谨慎、细致、务实的作风。

——孙家栋

大科学家小故事

这颗卫星能打多高，中国人的头就能抬多高

1985 年 10 月，中国政府向世界正式宣布：中国的运载火箭将投入国际市场，承担国外卫星发射业务。这一消息震动了国际航天界。

发射外星，中国航天人不仅要懂得研制火箭发射卫星，还必须学会与国外商家打交道。孙家栋这个"造卫星"的专家又担当起"生意人"的角色。

1988 年，香港亚洲卫星公司购买了美国休斯公司生产的通信卫星，起名"亚洲一号"卫星，并准备让中国的"长征三号"火箭将其送入太空。但卫星要从大洋彼岸运到中国，必须有美国政府发放的出境许可证。争取许可证的使命便落到了孙家栋的肩上。

这年 10 月，孙家栋代表中国与美国签订了《卫星技术安全》和《卫星发射责任》两个协议备忘录。但因双方对若干国际贸易问题存在较大分歧而未达成最终协议。11 月第二轮会谈，谈判桌从北京搬到了华盛顿。孙家栋作为代表团团长再次领命出征。

在穿越太平洋的飞行中，孙家栋逐字逐句地反复推敲着谈判稿，他深知，美国代表都是有着多年外交经验的老手，必须严阵以待。在谈判中，面对美方咄咄逼人的气势，孙家栋毫不示弱，据理力争，坚决反驳"中国发射外星扰乱国际商业发射市场"的论调，随后又制定了"拖住不放"的战术，最终签署了协议。

1990 年 4 月 7 日，"亚星"在西昌卫星发射中心升空。"参加过这么多次卫星发射，那次最紧张。"孙家栋回忆起当时的场景说，"不仅能听到自己的心跳，连旁边人的心跳都能听见。"

为什么紧张？孙家栋说，因为这颗卫星能打多高，中国人的头就能抬多高。

"亚星"的入轨精度是休斯公司 31 颗同类卫星中入轨精度最高的。当一位美国同行由衷地说"没想到中国的卫星发射能达到这样的水平"时，孙家栋自豪地笑了。

他深有感触地说："谈判实质上是两国综合国力的较量。国家的实力增强了，我们说话的分量自然就加重了。"

2010年

师昌绪

"好管闲事" 的战略科学家

· 1920.11 — 2014.11 ·

·材料科学家·

·中国科学院院士·

·中国工程院院士·

·2010 年度国家最高科学技术奖获得者·

2011 年 1 月 14 日，北京人民大会堂，掌声如潮，我国著名材料科学家、两院院士师昌绪从国家领导人手中接过 2010 年度国家最高科学技术奖的证书。

师昌绪一辈子都在和各种各样的材料打交道，在高温合金、合金钢、金属腐蚀与防护等领域都取得了丰硕成果，研制开发了多种新材料和部件并推向应用，丰富和发展了凝固理论、相变理论、性能评价方法等。他大力提倡传统材料与新材料研究并重，基础研究与应用研究并重，促进了微晶、非晶、纳米晶、镁合金材料等学科的发展，推动了碳纤维生产工程应用技术的开发，解决了国家多项重大工程的急需。

"作为一个中国人，就要对祖国作出贡献，这是人生的第一要义。"他经常说的这句话，虽然朴实无华，却凝聚着一位饱经沧桑的老知识分子数十年来投身科学事业，不畏磨难，矢志报国的赤子情怀。

❖ 青年立下强国之志 ❖

1920 年 11 月，师昌绪出生于河北徐水大营村一个四世同堂的大家庭。父亲师克和为清朝秀才，以教书为业，母亲从事家务，一生勤劳。1937 年抗日战争爆发，他随家人到河南，入冀绥平津联合中学。1941 年中学毕业后，师昌绪考入西北工学院。

20 世纪三四十年代军阀混战、日寇入侵，师昌绪立下"强国之志"，暗下决心要使中国强盛起来。为了实现实业救国梦，他大学选择的专业是采矿冶金工程。1945 年大学毕业后，师昌绪到国民政府资源委员会所属的四川电化冶炼厂，从事炼铜方面的技术工作。在厂两年多，考取了国外留学资格。1948 年赴美国密苏里大学矿冶学院从事真空冶金研究，一年就完成研究生学习，获得硕士学位，并获麦格劳·希尔奖。后来，师昌绪的导师 A.W.SchLechten 教授在他的毕业研究"真空处理炼铅的锌渣"的基础上，建立了中试工厂，并申请了美国专利。1950 年 1 月，他进入圣母大学冶金系，1952 年 6 月获博士学位。博士毕业后，师昌绪又继续在麻省理工学院从事博士后研究。

20 世纪 50 年代，朝鲜战争爆发后，美国当局明令禁止师昌绪等多名中国留学生回国。为争取美国开放禁令，师昌绪带头多方联络，联合其他学生集体写信给美国总统艾森豪威尔，要求撤掉禁令，同时印刷 200 多封信投递给美国报界、议员和民众团体。

1951 年师昌绪在美国读博士期间的留影。（新华社资料照片）

《波士顿环球报》在头版头条刊登师昌绪（左）、林正仙（中）、张兴钤（右）接受记者采访的照片。

当时的《波士顿环球报》以通栏大标题报道"在美的中国学生要求回国"，并刊登了师昌绪等3名中国留学生的照片。

师昌绪、张兴钤、李恒德等人还组织留学生两次集体给周恩来总理写信，表达了不惧迫害、要求回国的意愿，并先后通过印度大使馆等渠道将信送到了周恩来总理的手中。1954年5月，在日内瓦国际会议上，这些信件成了中国政府抗议美国无理扣押中国留学生的重要证据。

经过艰苦斗争，1955年春，美国在各方的压力下被迫同意一些中国留学生回国，其中就有师昌绪。他的导师柯恩想挽留他，提出如果是因为职务低，挣钱少，他可以帮忙。师昌绪拒绝说："我是中国人，中国需要我！"是年6月，他乘船离开美国，投入祖国的怀抱，那年他35岁。

❄ "美国人做出来了，我们怎么做不出来？" ❄

"北京、上海，这两个地方任你选。"1955 年 6 月，时任中科院技术科学部主任的严济慈，对刚从美国回来的师昌绪说。

结果，这位 35 岁的洋博士选择了沈阳，因为中科院金属所在沈阳。到金属所后，他被指定为鞍钢工作组的负责人，由物理冶金理论研究转向炼钢、轧钢工艺开发。两年之后，师昌绪又服从国家需要，转任金属所高温合金研究组的负责人，带领一支小分队常驻抚顺钢厂，研制航空发动机的核心材料——高温合金。为了高温合金的推广与生产，不论条件多艰苦，师昌绪总是身先士卒，在第一线解决各种各样的技术难题。他几乎走遍全国的特殊钢厂和航空发动机厂，帮助解决生产中出现的实际问题，被大家亲切地称为"材料医生"。

经过师昌绪带队进行奋力攻关，很快开发出代替镍基合金 GH33 的铁基高温合金 CH135，用这种新材料制作的航空发动机关键部件——涡轮盘，装备了大量飞机。

更难啃的骨头在后面。20 世纪 60 年代初，美国研制出铸造空心涡轮叶片，大幅度地提高了航空发动机的性能。1964 年，中国的新型战斗机设计出来了，就差发动机用的耐高温高压涡轮叶片。我国也有人提出要搞铸造空心涡轮叶片，但很多人认为这种技术受到美国严格封锁，中国想要做出来是异想天开，不可能完成。

1964 年，航空材料研究所的副总工程师荣科找到师昌绪家里，问他能不能牵头搞空心叶片。"我也没见过空心叶片，也不知道怎么做。"师昌绪回忆说，"但我当时就想，美国人做出来了，我们怎么做不出来？中国人不比美国人笨，只要肯做，就一定能做出来。"

为啃下这块硬骨头，由师昌绪挂帅，从金属所的相关研究室挑选了"一百单八将"，成立了专门的项目组。他们采纳了荣科提出的"设计—材料—制造一体化"的建议，与发动机设计和制造厂等合力攻关。在当时的条件下，要在 100 毫米的叶片上均匀做出粗细不等、最小直径只有 0.8 毫米的 9 个小孔，谈何容易！

师昌绪带领攻关队伍日夜奋斗在金属所简陋的精密铸造实验室，在他的带领下，我国的科研人员仅用一年时间就攻克了一系列技术难关，在实验室中做出了比美国难度更大的 9 孔铸造镍基高温合金空心涡轮叶片，使我国航空发动机性能上了一个新台阶。

"我国是世界上第二个采用这种叶片的国家，当时的英国和苏联都还没有。这种叶片装备了我国 20 世纪 60—90 年代生产的大部分先进发动机。多年来从未因为该叶片的问题出过任何事故。"当时和师昌绪一起工作的中科院金属所原所长李依依院士说。

后来，国家决定把空心叶片的生产转移到远在贵州的一个工厂，航空部点名师昌绪带队到生产第一线，帮助解决生产中的技术难题。工厂的条件极为艰苦，一日三餐吃的都是发霉的大米和红薯干，以至于厂里的总工程师过意不去，星期天到集市上买来白面，给科研人员蒸馍改善生活。师昌绪他们日夜在车间里鏖战。

经过几个月的努力，他们终于克服了实际生产中的技术难关，所生产的数十万个叶片没出过一起质量问题。

"当时当然有压力了，但关键看你敢不敢往前冲。"忆当年，师昌绪雄心不改，"只要努力，肯定能做出来，除非你不努力。"

✥ "从国家需要出发"的战略科学家 ✥

师昌绪不仅是我国材料科学与技术界的一代宗师，更是一位高瞻远瞩的战略科学家。他站在国家整体利益的高度提出了一系列咨询和建议，为推动中国科技体制改革和科技进步作出了重要贡献。

1994年6月8日，中国工程院选出的院长朱光亚（中）与4位副院长卢良恕（左一）、朱高峰（左二）、师昌绪（右二）、潘家铮（右一）。（新华社记者姚大伟摄）

"我自己最大的特点，就是好管闲事。"师昌绪笑称。凡是对国家有益的，对别人有益的，他都不避利害，乐于去管。

1984年，已是花甲之年的师昌绪调到中科院技术科学部工作。他敏锐地感到来自世界新技术革命的挑战，组织学部委员们对我国钢铁、能源、通信、计算机、集成电路的发展以及科技人员的培养等重大战略问题进行咨询，并提出科技和经济不能"两张皮"。

1982年，他与3位科学家一起最早提出成立中国工程科学院的建议。1992年，他又再次同几位科学家联名上书中央，阐明成立中国工程院的必要性和急迫性。1994年中国工程院正式成立，师昌绪当选为首批院士和首届副院长，并两次主持了关系工程院长远发展的学部调整调研。

在国家自然科学基金委员会任副主任时，他就我国基金制的发展提出很多具有创见的建议。他主持编写了《学科发展战略研究》，为我国基础研究的资助指明了方向。1997年，我国启动重大基础研究规划的立项工作，开始只有农业、能源、信息、资源环境与生命科学5个领域。在师昌绪等科学家的积极建议下，材料被列为重点支持领域之一，推动我国材料科学研究驶入了快车道……

师昌绪以高瞻远瞩的视角、渊博的学识和高度的责任心，准确把握和引领了中国材料科技和整个科技事业的发展。而对于"战略科学家"的评价，他谦逊地说："我做这些都是从国家的需要出发，基于自己的知识、经验和预测的能力。做这些事情不能光倡导一下，要负责到底。"

2014年，享年96岁的师昌绪在京因病逝世，走完了他淡泊名利、一心为国的"无我"的一生。同年，他当选为年度"感动中国"人物。"感动中国"组委会给师昌绪的颁奖词写道：八载隔洋同对月，一心挫霸誓归国。归来是你的梦，盈满对祖国的情。有胆识，敢担当，空心涡轮叶片，是你送给祖国的翅膀。两院元勋、三世书香，一介书生、国之栋梁。

参考文献

吴晶晶：《夕照青山松不老——国家最高科技奖获得者师昌绪院士印象》，新华社，2011年1月14日。

赵永新：《师昌绪："好管闲事"的战略科学家》，《人民日报》，2011年1月15日。

科学家名言

人的一生要有所作为，智慧、体魄是基础，勤奋、进取是动力，素质、品德是保证，环境、机遇是条件。

——师昌绪

大科学家小故事

好管"闲事"，也要有眼光

师昌绪好管"闲事"，对此，与他共事20多年的国家自然基金委原工程与材料学部常务副主任李克健深有感触。

2000 年的一天，师昌绪突然找到李克健，询问有关碳纤维的事情。碳纤维是航空、航天的关键材料，其他国家既不出口，也不转让技术。

"当时国内没人管这件事，师老也不是这方面的专家，但他意识到了这一问题的重要性，二话不说把这当成了自己的事。"李克健回忆说。

后来，师昌绪主持召开了关于碳纤维发展的研讨会，并亲自上书党中央推动将此列为国家 863 专项。多年来他一直跟踪我国碳纤维的研发、生产与应用，强调要"自主创新""降低成本"。

"师先生很有眼光，管的都是国家最需要的'闲事'。什么事情重要，关键环节在哪里，他都能敏锐地看到，并且敢说敢做，不怕承担责任。"李克健说。

别人眼中的难事、烦事，师昌绪总是勇于挑担子。20世纪80年代，他把国内27个和材料相关的学会团结在一起，成立了中国材料联合会。

"这需要多少号召力、勇气和细致烦琐的工作啊！"多年的老友李恒德院士曾感叹，"这件事亏得有他，我很难想到还有别人能办成。"

而说起自己管的这些"闲事"，师老哈哈一笑："没办法，因为我这个人最大的缺点就是'心太软'。"

王振义

真正的"药神"

·1924.11—·

·内科血液学专家·

·中国工程院院士·

·2010 年度国家最高科学技术奖获得者·

2018 年，一部口碑爆棚的电影《我不是药神》让许多人泪目，影片中的一句台词"这世上只有一种病，穷病"更是直戳人心，高昂的抗癌药品价格让许多家庭望而却步，电影里徐峥扮演的程勇因为贩卖低价的白血病药被病友们称为"药神"。

然而，现实中，有这样一位真正的"药神"，他就是王振义，中国工程院院士、国家最高科学技术奖获得者、被誉为全球"癌症诱导分化第一人"，上海交通大学医学院附属瑞金医院教授。

他攻克了急性早幼粒细胞白血病，找到了特效药，并且为了让更多患者吃得起药，没有申请专利。目前，这盒药也只要 290 元，还被纳入了医保！

2019 年，95 岁高龄的王振义院士获得中央广播电视总台《寻找最美医生》大型公益活动"2018 最美医生"称号。何为最美？他 77 年的从医生涯就是对这个词最好的诠释。

王振义在演讲。

❀ 求学：凡事多问为什么 ❀

1924 年 11 月，王振义出生在上海，他的童年因战火纷飞过得并不太平。在那个风雨飘摇的年代，王振义的父亲特别重视对子女的教育，他告诉孩子们，"落后就会挨打，要科学救国，好好念书才能为国家做贡献"。

年幼的王振义很顽皮，爱踢毽子、弹皮弓，但是学习成绩依然不错，他的父亲说，玩和学并不矛盾，重要的是要不断发现问题并加以思考。

王振义 7 岁时，祖母因为一场伤寒去世。"为什么这个病不能治呢？怎么会得这个病？难道就真的没有办法了吗？"小小的王振义在心里不停地发问，萌发对医学知识探求的渴望。

1953 年，王振义第二次参加抗美援朝志愿医疗队，在战地医院碰到一种怪病，很多战士出现咳血、头痛等症状，初步诊断为结核性脑膜炎。

但是爱问为什么的王振义提出了疑问：结核性脑膜炎并非传染病，为什么大家会同时患病？带着这个疑问，王振义思考并埋头查阅

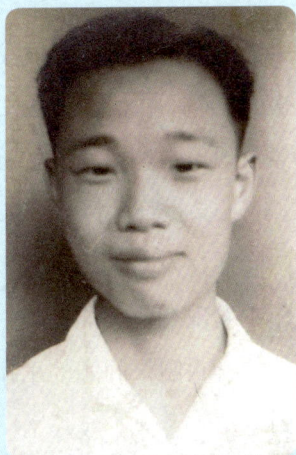

少年王振义。（资料照片）

王振义（后排右一）和抗美援朝上海医疗队队友合影。

资料，终于在一本文献里找到与此症状类似的案例——肺吸虫病。起初大家都不相信，王振义把病人的血痰涂片拿到显微镜下观察，果然发现了虫卵。正确的诊断加治疗及时治愈了一大批患病的战士。王振义被部队授予了二等功。

同样，发现轻型血友病也得益于这种"为什么"。王振义在工作中发现有些人即使拔一颗牙也会出血不止，一般止血疗法也无效。喜欢刨根问底的王振义又开始查资料做研究，想要搞明白原因。

在查阅文献的时候，他了解到国外关于轻型血友病 A 的报道，即血浆中凝血因子Ⅷ的水平为正常的 5%—25%，小手术后会出血不止，且一般实验室检验无法发现。要完成这种检测试验，需要用到硅胶，但当时国内并无此材料。不服输的王振义想到用石蜡代替硅胶，最终成功在国内首先确立了检测方法，并做出血友病 A、B 的分型及其轻型的诊断，解决了这种不明原因出血的诊断和治疗问题。

✣ 从医：向白血病发起进攻 ✣

急性早幼粒细胞白血病（M3）是一种最为凶险、病情恶化最快、致死率最高的白血病，若不及时治疗，90% 的病人将在半年内失去生命，最快的只要 3 天。通俗地讲，这种病是因为体内白细胞突然"罢工"，导致出血、高热等症状，抵抗力大大降低，最终死亡。

1978 年，王振义开始投入 M3 研究，决心要"改造"这些癌细胞，让它们变好，并大胆提出了全世界首创想法——用诱导分化的理论让癌细胞"改邪归正"！经过 8 年不断探索和研究，王振义发现全反式维甲酸可在体外将 M3 细胞诱导分化为正常细胞。

1986 年，上海市儿童医院一位 5 岁的急性早幼粒细胞白血病患儿生命垂危，多方医治无效，在所有人将要放弃的时候，王振义顶住压力，决定采用尚在试验阶段的全反式维甲酸治疗方案。当时这个想法遭到了大家的反对，因为那时的王振义已经 62 岁，且功成名就，治疗方案一旦失败，很可能名誉扫地，得不偿失。但王振义信心坚定，他相信科学，也相信自己的研究成果。

2012 年 3 月 6 日，在美国纽约举行的第七届圣捷尔吉癌症研究创新成就奖颁奖典礼上，中国工程院院士王振义所获得的圣捷尔吉癌症研究创新成就奖奖杯放置于他的照片前。（新华社记者王芳摄）

　　7 天后，奇迹出现了，孩子的病情出现转机，一个月后症状完全缓解。这是世界公认的第一个诱导分化理论让癌细胞"改邪归正"的成功案例，王振义改写了白血病的治疗现状，开创了肿瘤治疗的新格局，也因此成为癌症诱导分化第一人。

　　值得一提的是，为了让更多的患者能够吃得起药，王振义并没有对此药申请专利，当时只卖 11 块钱，30 多年过去了，一盒药在国内也只要 290 元，还纳入了医保，而进口的类似药物价格高达两万元。

　　此后，王振义与学生又提出了"全反式维甲酸联合三氧化二砷"的治疗方法，让急性早幼粒细胞白血病成为世界上第一种可被治愈的白血病，而该疗法与青蒿素的发现等并列为"新中国对世界医学的八大贡献"。

❆ 育才："一门四院士"成佳话 ❆

从医77载，王振义为中国医学科学界培养了一代又一代精英，其中包括中国科学院院士陈竺、陈国强，中国工程院院士陈赛娟，创造了"一门四院士"的奇迹。

在学生眼中，王老师爱才惜才，是他们学术上的楷模和精神上的榜样。王振义说："为师，我最大的心愿就是把自己积累的学术财富传给年轻人。"

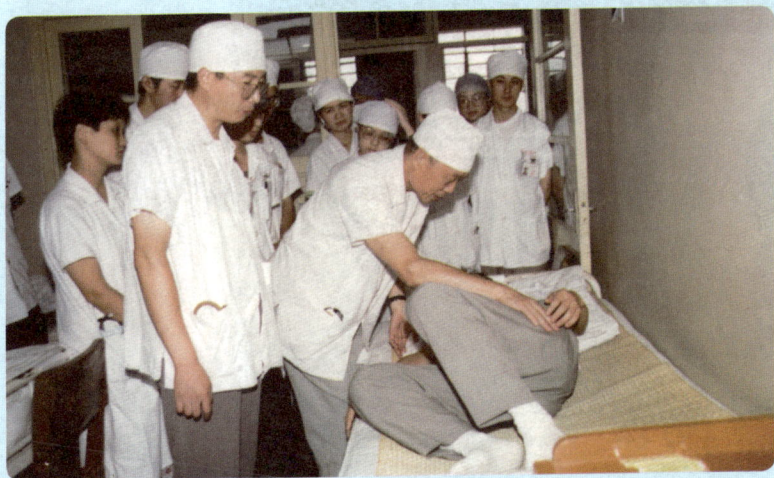

王振义带领学生在查房。

陈国强院士回忆硕士研究生论文的修改过程时说，当时没有电脑，王老师先后改了 10 遍，并多次把他叫到家里吃晚饭，饭后马不停蹄接着改，正是王老的这种精神激励着陈国强永攀科学的高峰，而今，陈国强已成为我国在血液病研究领域响当当的人物。

而对陈竺、陈赛娟两位得意门生，他曾亲自指导二人进行血液病理生理实验，更力荐他俩赴法留学，为祖国培养优秀人才。1996 年，王振义没有考虑名利的得失和地位的动摇，将上海血液学研究所所长的位置让贤于陈竺。他说："我觉得年轻人对血研所的发展更有好处，那么理所当然，就让贤、让他去领导。"

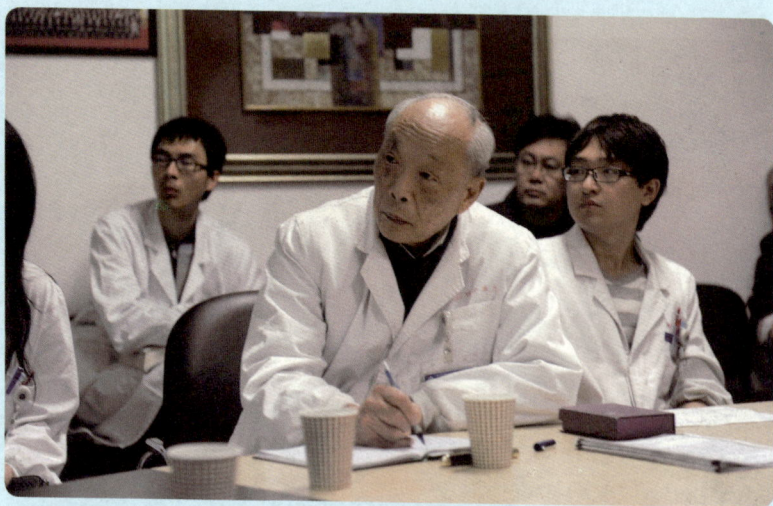

2012 年，王振义带领学生们一起探讨交流。（新华社资料照片）

　　王振义最爱的一幅画是家中客厅的水粉画《清贫的牡丹》，他认为这幅画表达的是清静向上的意思，既要有不断攀高的雄心，又要有对待荣誉时自我约束的力量，对名利看淡，对事业看重，便是清贫的牡丹。

　　"胸膺填壮志，荣华视流水"，这是王振义院士为学、为医、为师的人生观和价值观，也是他始终相信的做人最本质的东西。

参考文献

唐闻佳：《真"药神"！95 岁院士王振义获"最美医生"，他的首创疗法与放弃专利的善举挽救全球万千患者》，文汇网，2019 年 3 月 18 日，http://wenhui.whb.cn/zhuzhanapp/yiliao/20190318/250586.html?timestamp=1552920908352&from=timeline&isappinstalled=0.

左妍：《王振义：上海交通大学医学院附属瑞金医院终身教授——爱国就要爱自己的事业》，《新民晚报》，2019 年 3 月 27 日。

余晓洁：《王振义：为医仁爱 为师人梯》，《中国人才》，2011 年第 5 期。

朱凡：《王振义：大医精神铸匠心》，《中国卫生人才》，2019 年第 6 期。

钟华：《王振义：胸膺填壮志，荣华视流水》，《科学时报》，2011 年 5 月 19 日。

科学家名言

　　凡是做教育的人都有一个心愿——使年轻人能够成长，掌握现代科学。我想每个老师都是这样。我没有别的特别的地方，只是带着他们一起学习，让他们有正确的学习方向和方法，为他们多创造一些发展的机会和空间。

——王振义

为人民服务是不计代价的

如今，"看不起病，吃不起药"让很多人唏嘘，这背后交叠着多重矛盾，有病人的痛苦和无奈，也有研发新药的巨大投入。不过，有一种治疗白血病的药很便宜。一盒10粒装的口服全反式维甲酸的售价仅290元，并已纳入医保，而进口的类似药物价格高达两万元。

王振义不仅成功发明并应用这个"低价药"，还放弃了申请专利。"老实说，当时没有专利意识，就想着快点救病人。这也是我们从小接受的教育，为人民服务是不计代价的。"他说。

"我觉得不虚此生，生活的乐趣在穿上白大褂的那一刻。"这是王振义常说的一句话，也是他70余载的从医生涯中，始终"停不下脚步"的原因。

2011年

吴良镛

追求诗意栖居的建筑大师

· 1922.5 —·

· 建筑学家、城乡规划学家和教育家 ·

· 中国科学院院士 ·

· 中国工程院院士 ·

· 2011 年度国家最高科学技术奖获得者 ·

自 2000 年国家最高科学技术奖设立以来，2011 年度首次表彰了一位建筑师——吴良镛，他是新中国建筑教育事业的开拓者之一，是我国建筑与城市规划领域的学术带头人。他创建了中国人居环境科学，建立了以人居环境建设为核心的空间规划设计方法和实践模式。

著名美籍华裔建筑学家贝聿铭曾说过："不管你到哪个国家，说起中国的建筑，大家都会说起吴良镛。"

"探索中国人如何能有一个更好的居住环境，更好地生活、学习、研究和工作——这是我庄严的责任，也是应尽的义务。"吴良镛说，他毕生追求的就是要让全社会有良好的与自然相和谐的人居环境，让人们诗意般、画意般地栖居在大地上。

❉ 战火中点燃建筑梦 ❉

1922 年 5 月，吴良镛出生于江苏省南京市的一个普通家庭。他自幼喜爱文学、美术，兴趣广泛，读书刻苦勤奋。1937 年南京沦陷前，吴良镛随兄长匆匆离开南京，先后到武汉、重庆求学。

"刚刚交完大学入学考试最后一科的考卷，就听到防空警报响起，日本人的战机突然来袭，"吴良镛回忆起 1940 年 7 月在重庆合川参加高考的情景，"当时我们赶紧躲到防空洞里，一时间地动山摇，火光冲天，瓦砾碎片、灰土不断在身边落下来，当我们从防空洞出来时，发现大街小巷狼藉一片，合川的大半座城都被大火吞噬。"

流离失所、国破家亡的民族血泪，促使吴良镛在内心早早地树立了"谋万人居"的伟大理想。他怀着"从事建筑行业，重新修整惨遭蹂躏的城乡"的心愿，走进了中央大学建筑系。

大学期间，吴良镛在校刊《建筑》上发表了题为《释"阙"》的文章，建筑学家梁思成看到后很欣赏他的才华，让他到身边协助工作。"在梁先生身边工作，有机会看到他从国外带来的建筑领域的最新资料，这让我开阔了眼界，积累了不少建筑学知识。"说到恩师梁思成，吴良镛充满感激之情。

抗战胜利后，刚毕业两年的吴良镛应梁思成之约，协助他创办了清华大学建筑系，之后梁思成推荐吴良镛到美国匡溪艺术学院建筑与城市设计系深造。在著名建筑师沙里宁的指导下，吴良镛开始探索中西交汇、古今结合的建筑新路，并于一年后取得硕士学位。

1949 年吴良镛在美国匡溪艺术学院校园留影。

1950 年，他收到梁思成、林徽因"新中国急需建设人才"的来信后，绕道香港回国，重新执教清华，探索具有中国特色的建筑设计与城乡规划之路。

"年轻时候，我曾在书本上了解到，西方城市有交通拥挤、住宅缺乏、失去自然等毛病，当时天真地认为，这些跟中国没什么关系。"吴良镛回忆说，"直到怀着满腔热情从海外回国参加建设时，我都依然认定所谓的'城市病'只是资本主义的产物，社会主义中国不仅可以避免，而且还能建设得更好。"

然而，随着旧中国民生凋敝的影像在一批批拔地而起的新建筑、一座座百废俱兴的新城市身后渐渐淡去，吴良镛的心头却非常困惑：现实和理想呈现出较大偏差。吴良镛认为，数十年间，中国城乡变化虽然巨大，却并没能绕开"城市病"。

更让吴良镛感到揪心的是，城市文化建设面临着重重误区，有些城市呈现出不健康的规划格局：好的拆了，烂的更烂，古城毁损，新的凌乱。而且，城市同质化严重，千城一面现象尤为突出。

"自古太守多诗人"，对于城市的管理者，吴良镛有话要说："希望作为城市规划决策者的市长，都能具有诗人的情怀、旅行家的阅历、哲学家的思维、科学家的严格、史学家的渊博和革命家的情操。"

❖ 创立人居环境科学 ❖

改革开放以后，形形色色的建筑流派蜂拥而至，对我国城市建设产生了很大影响。一些未经消化的舶来品破坏了城市原有的文脉和肌理，导致有的城市成为外国建筑师标新立异的建筑设计实验场。

谈到这些问题，吴良镛有些愤慨，"不是说不能借鉴西方，但在学习中不能照搬照抄，拾人牙慧。失去建筑的基本准则，漠视吴良镛给学生上课。

中国文化，无视历史文脉的继承和发展，放弃对中国历史文化的内涵探索，显然是一种误解与迷失。"

吴良镛认为，人居环境应该包括建筑、城镇、区域等，是一个复杂巨系统，"过去我们以为建筑只是建筑师的事情，后来有了城市规划，有关居住的社会现象都应该是建筑所覆盖的范围"。

为了探索中国特色的建筑与城市理论的发展之路，吴良镛非常重视科学理论体系的构建。20世纪80年代初，吴良镛就开始了广义建筑学的思考，并于1989年出版专著《广义建筑学》，着眼点从单纯的"建筑"概念转向"聚居"，"从单纯的房子拓展到人、到社会，从单纯物质构成拓展到社会构成"，大大拓展了建筑学的视野。这部15万字的著作，是我国第一部现代建筑学系统性理论著作，引起建筑界广泛关注，被推荐为"一本建筑师的必读书"。

吴良镛的学术探索并未停止在"广义建筑学"，而是跳出学科范围的局限，从学科群的角度整体探讨。1993 年，他创造性地提出了"人居环境科学"。人居环境科学以人居环境为研究对象，研究人类聚落及其环境的相互关系与发展规律，并提出了以城市规划、建筑与风景园林为核心，整合工程、社会、地理、生态等相关学科的科学发展模式。人居环境科学也受到了国际建筑界的普遍认可，在 1999 年国际建筑师协会通过的《北京宪章》中得到充分体现。该宪章以人居环境科学理论为基础，提出"建设一个美好的、可持续发展的人居环境，是人类共同的理想和目标"。这一宪章被公认为是指导 21 世纪建筑发展的纲领性文献。

运用这一理论，吴良镛成功开展了从区域、城市到建筑、园林等多尺度多类型的规划设计研究与实践，先后获得世界人居奖、国际建筑师协会屈米奖、亚洲建筑师协会金奖、陈嘉庚科学奖以及美、法、俄等国授予的多个荣誉称号。

❖ 让人们诗意般栖居在大地上 ❖

"一个真正的建筑大师，不仅看他是否设计出流传百世的经典建筑，也看他是否能让自己国家的老百姓居有定所。"吴良镛曾说，与公共建筑相比，他更在意民居。普通人的居住问题是建筑最本质、最核心的内容。

走进位于北京东城区西北部的菊儿胡同，可以看到青砖粉墙黛瓦的小楼错落有致、和谐搭配的树木花草生机盎然。然而这里20多年前却是蓬户蔽日，建筑密度高达83%，平均80人合用一个水龙头、一个下水道……

1988年，吴良镛受邀为这个典型的"危积漏"（危房、积水、漏雨）地区"动手术"。他带领学生们先后画出上百张施工图，基本原则是不大拆大建，新建筑采用"插入法"，顺其原有肌理以旧换新。"衣服破了一定要扔掉吗？是不是可以想想办法，例如打个漂亮点的补丁，或者绣上图案。"

改造过后，回迁的老住户喜笑颜开：集中供暖、独立卫生间、通畅的上下水系统，小户型单元房普通百姓都买得起。菊儿胡同成为北京老城区改造的典范之作。1993年，这一危房改造项目获得联合国颁发的"世界人居奖"。

1993年，主持菊儿胡同改造工程的吴良镛教授。（新华社记者宋连峰摄）

图为1993年改造后的菊儿胡同。（新华社记者宋连峰摄）

熟悉建筑界的人常说："凡是到过北京的人，都曾亲身品读过吴良镛。"其实何止是北京？无论你是在上海、广州、深圳这样生机勃勃的改革开放前沿大都市，还是流连于苏州、桂林、丽江等古典与现代气息交融、自然与人文色彩竞艳的新兴城市，你肯定都曾亲身品读过吴良镛。

到过苏州的人，莫不为新、旧相映生辉的人间天堂欣慰。吴良镛用匠心妙手设计的"九宫格"布局，让"白发苏州"既保留了古旧的韵味，又焕发出新的活力。

吴良镛领衔研究《京津冀城乡发展规划》，构建出"一轴三带"的区域整体协调发展格局；曲阜孔子研究院、北京总体规划评估与战略研究、滇西北人居环境可持续发展规划研究、南水北调东线一期工程历史文化环境保护研究……从建筑到城市，从城市到区域，四十余项代表性实践项目，展现了吴良镛"匠人营国"

　　1995 年，吴良镛教授（右）同研究生一起研究南方一些城市的总体规划。（新华社记者王呈选摄）

　　位于江苏省南京市大行宫闹市区的江宁织造博物馆由建筑大师吴良镛担纲设计，2013 年正式开馆。图为 2013 年 2 月 7 日拍摄的南京江宁织造博物馆景致。（新华社发 王跃武摄）

的宏伟抱负，折射出他融"大科学""大人文""大艺术"于一体的人居环境科学的光芒。

"科学、人文、艺术的融汇就是'人居之道'。"这是吴良镛先生对明日之人居的思考。他在自述集中认为，人居科学要走向"大科学"，更多地与能源学、环境学、生态学、信息学等相关科学技术相联系；人居科学要走向"大人文"，要将"便民生"作为基本准则，住房与社区建设、城乡统筹发展、生态修复、人文复兴等都息息相关；人居科学要走向"大艺术"，要把美学上抽象的美化为无所不在的空间的美、生活的美、融汇的美。

在吴良镛的心中，创造良好的、与自然和谐的人居环境，让人们能诗情画意般地栖居在大地上是他一生不变的梦想。

参考文献

田雅婷：《吴良镛：筑梦人生》，《光明日报》，2012 年 2 月 15 日。

赵永新：《吴良镛：万里行路，美好人居》，《人民日报》，2012 年 2 月 15 日。

李扬：《吴良镛：让人们诗意地栖居在大地上》，《文汇报》，2019 年 4 月 24 日。

科学家名言

建筑师与社会的发展是分不开的，而每个时代又对建筑师的要求有所不同，但不管怎样改变，一定要牢记对人的关切，同时，建筑业需要具有赴汤蹈火的热情和无限的忠诚。

——吴良镛

大科学家小故事

四合院里的创新

1993 年 10 月 4 日，北京危旧房改造试点工程之一——菊儿胡同类四合院住宅工程被授予联合国 1992 年"世界人居奖"。菊儿胡同类四合院工程开创了北京城市中心更新的一种新途径，传统的四合院住宅格局得到保留并加以改进，避免了全部拆除旧城内历史性衰败住宅。主持菊儿胡同改造工程的清华大学教授吴良镛创造性地提出了类四合院住宅模式，并从 1989 年起在菊儿胡同危旧房改造工程中分期予以实施。二至三层的单元房按四合院格局围合，居民独门独户，互不影响，同时又能到围房前院落进行邻里交流；院子里的金鱼缸、古树依然留存，旧四合院"天棚鱼缸石榴树"意境犹在；房屋的檐口和屋顶为中国式，轮廓丰富而美观；登上屋顶，还可远眺鼓楼，一览旧城风采。

经此改造后，使原来的菊儿胡同焕然一新，回迁的老住户喜笑颜开。

谢家麟

为粒子加速器事业躬耕一生

· 1920.8 — 2016.2 ·

· 加速器物理学家 ·

· 中国科学院院士 ·

· 2011 年度国家最高科学技术奖获得者 ·

还记得中学课本里描写的"北京正负电子对撞机"吗？这个英文名为 BEPC 的装置，是我国第一台高能同步加速器，是中国高能物理发展史上极其重要的里程碑，也创造了国际加速器建设史上的奇迹。

什么是电子对撞机？它能用来做什么？简单来说，它是探究物质微观结构的工具。世界是由物质组成的，组成物质微观结构的粒子很小，肉眼看不见，即使是用显微镜也看不见。科学家发现，如果想探索物质的微观结构，就要先把它打碎，而打碎这些物质结构的工具，就是加速器。正负电子对撞机，就是一个产生、加速、储存正负电子并使其对撞的大型加速器，它将正负电子加速到光速，使正负电子在对撞点对撞并产生次级粒子，这些次级粒子成为高能物理研究的对象。作为高能物理、核物理基础研究的手段，加速器是人类认识微观世界的主要方式之一，高能物理及加速器的发展已经成为衡量一个国家科技发展水平的标志之一。

1988 年 10 月 16 日，BEPC 首次实现正负电子对撞，宣告建造成功。《人民日报》在报道这一成就时称"这是我国继原子弹、氢弹爆炸成功，人造卫星上天之后，在高科技领域又一重大突破性成就"。

中国科学院院士、中科院高能物理研究所原副所长谢家麟获得 2011 年度国家最高科学技术奖，也与建设北京正负电子对撞机密不可分。为纪念谢家麟在粒子加速器科学技术上的卓越贡献，国际天文联合会将一颗国际编号为 32928 号的小行星正式命名为

"谢家麟星"；亚洲未来加速器委员会将国际粒子加速终身成就奖命名为"谢家麟奖"。

❄ 求得学识　建设祖国 ❄

1920 年 8 月，谢家麟出生于黑龙江省哈尔滨市。初中毕业后，谢家麟进入当时北平有名的汇文中学，汇文中学设于地下室的物理课实验室教学设备齐全，他的物理教师张佩瑚用英文讲课，条理分明，深入浅出，很能激发学生对物理的兴趣。那时候谢家麟自觉成绩时好时坏，是个中等生，除喜欢物理课外，业余时间都沉溺在摆弄无线电，从矿石机到单管机，从低频到高频，在提高收音机性能的过程中，谢家麟获得极大满足。1937 年，卢沟桥事变后，他自制的收音机成为全家了解战事的唯一渠道。

1938 年，谢家麟以名列前茅的成绩被保送到燕京大学物理系。当时日本人占领北京，谢家麟每次回家，都不得不在日本兵的岗哨前停步。眼看过往的老百姓遭到殴打、搜身，那时的谢家麟除了觉得屈辱，更有了强国图存的念头。

1943 年，他与同学范绪筏到桂林的中央无线电器材厂工作，次年两人登报旅行结婚，正值日本人炮火临近，两人一边跟着单位辗转于桂林、贵阳、昆明等地，一边度"蜜月"。他们的行李箱里，装了半箱准备烧制高压绝缘材料的滑石，每到一个地方，夫妻俩就去找铁匠铺继续烧炼。

抗战胜利，大儿子刚满 4 个月，谢家麟就决定赴美留学。那

1940 年，在燕京大学物理楼前，物理系师生合影（二排右三为谢家麟）。（新华社资料照片）

时候他脑子里想的是报国。仅用了 9 个月，谢家麟就获得了加州理工学院硕士学位。由于对微波物理技术感兴趣，他便产生了转学到斯坦福大学继续学习的想法。

加州理工学院校长、诺贝尔奖得主密立根教授在谢家麟转校申请的推荐信中写道，谢家麟是他教过的仅次于袁家骝（两获美国科技大奖的世界著名物理学家）的优秀中国学生。

在斯坦福大学物理系，谢家麟崭露出过人的才华，曾连续两年综合考试排名第一。

听到新中国诞生的消息后，谢家麟很是兴奋。毕业之前，他和同学范新弼、张念智考虑回国后如何继续微波方面的研究工作，希望能为祖国的科技发展做些贡献。想到国内缺少实验用的器材，他们写信给时任中国科学院近代物理研究所所长的钱三强，询问是否要带些关键的器材回来。得到领导的支持后，他们便采购了一批为建立微波电子学实验室所需要的主要器材。

但在装箱托运实验器材的过程中，消息泄露引来了联邦调查局（FBI）工作人员。"他们问我是否要回国，我说我的妻子、孩子都在中国，我当然要回去。他们说你回国后是否愿意为共产党政府工作，我说共产党政府是主张建设国家的，而我留学的目的正是要求得学识来建设祖国。他们听了也就没什么可问的了。"

然而在 1951 年秋天，谢家麟回国途经檀香山的时候被美国移民局扣留，理由是"根据美国的法律，凡是在美国学的专业和战

1953 年，谢家麟在美国俄勒冈大学任教。图为他在教学楼前的留影照片。（新华社资料照片）

争有关的人，一律不准出境"。回国受阻，心情郁闷的谢家麟写下一首诗：峭壁夹江一怒流，小舟浮水似奔牛。黄河横渡浑相似，故国山河入梦游。

归国不成，谢家麟留在美国斯坦福大学工作并接受了一项任务，研制一台医用电子直线加速器，用它产生的高能量电子束流，打入人体内部杀死肿瘤细胞，治疗癌症。经过两年攻关，谢家麟领导的团队于 1955 年年初研制成功世界上第一台以高能电子治疗深度肿瘤的加速器，开拓了高能电子束治癌的全新领域，在美国高能物理界引起轰动。

1955 年，谢家麟接到通知说，他可以有两个选择：一是限期离境，一是留在美国当永久居民。谢家麟心想，"我是个中国人，应当给中国做事，因为中国人对中国的建设负有责任。"当年，谢家麟登上了邮轮，开始了他渴望已久的回乡之旅。

❖ 十年磨一剑　锋利不寻常 ❖

回国后，谢家麟决心要在新中国研制出亚洲第一台电子直线加速器。当时所需尖端器材受国际封锁，所需工艺远超当时国内的工业水平。但谢家麟没有灰心，"我们想吃馒头，但什么都没有，能怎么办？""从种麦子开始！"谢家麟自问自答，扯着嗓子喊出这句口号。

这位刚过而立之年的留美博士，带领一批年轻娃娃，从画图、打造零件开始做起我国最早的电子直线加速器研制工程。初出茅庐的大学生把试验器材做砸是常有的事儿，但人们始终没见谢家麟生气过。他不训人，只叫齐了人再把器材的原理仔细梳理一遍，最后撂下一句"咱们再接着做"。

8年后，他们造出了中国第一台电子直线加速器，跨越式地赶上国际先进水平。该加速器建成即投入国防急需，用加速器束流打靶产生的高强度脉冲辐射，模拟核爆来标定仪器，为"两弹"研制做出了重要贡献。通过该加速器的研制，还奠定了建设北京正负电子对撞机的人才和技术基础。

在谢家麟等科学家的建议下，1977年，中央批准代号为"八七工程"的50GeV高能质子加速器建造任务，谢家麟任加速器总设计师。但1980年年底国民经济调整，在建的"八七工程"下马。这时候，摆在高能物理学家面前急需解决的问题是，如何使用"八七工程"尚未使用的9000万元经费继续进行高能物理实验基地建设。

谢家麟和同事朱洪元在广泛征求多国专家意见后，结合中国实际情况，提出了建造一台能量为2.2GeV正负电子对撞机的方案。但在20世纪80年代，这个想法是"极为大胆"的。

此前，中科院高能所的研究都集中在已有一定研究基础的质子领域，唯独谢家麟提出的方案是全新的。而且那时大多数自然科学基金项目经费不过3万元，要把9000万元的经费用在这儿，没人敢打包票。在这一关键性的选择中，谢家麟参与组织数十次研讨，反复权衡这两种装置的优缺点，通过深入细致的分析，说服了持不同意见的同志。1981年，有多位国内知名物理学家参加

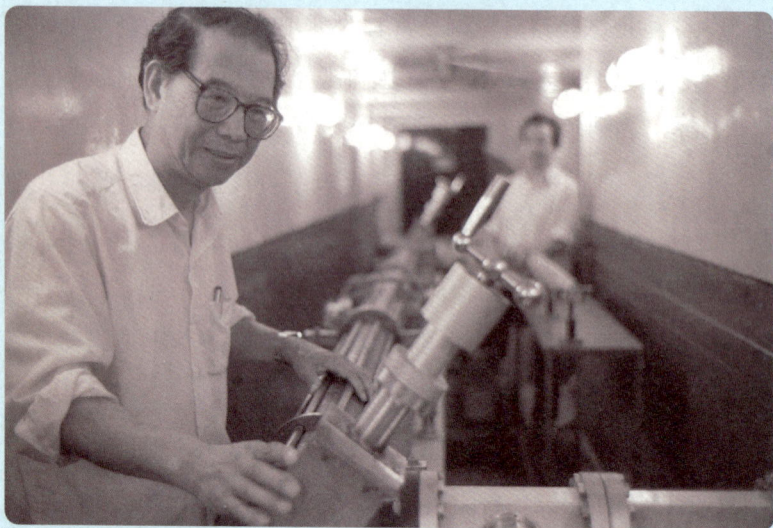

我国著名的高能物理学家谢家麟是北京正负电子对撞机设计、建设的主持人之一。（1989 年 10 月 17 日发，新华社记者郑书福摄）

的"香山会议"基本肯定了对撞机方案。

1984 年 10 月，北京正负电子对撞机建设正式破土动工，已年过花甲的谢家麟废寝忘食般投入到工程研制建设中。1988 年 10 月，对撞机成功实现对撞，我国几代物理学家的梦想终于实现。

凭借 BEPC，中科院高能物理研究所跻身世界八大高能加速器中心。谢家麟写下诗篇抒发跻身科学前沿领域的豪情："十年磨一剑，锋利不寻常。虽非干莫比，足以抑猖狂。"1990 年，BEPC 获得国家科技进步特等奖，主要完成人中，谢家麟排名第一，成为对他工作最好的肯定。

✢ 要相信"天生我才必有用" ✢

当聊起自己学术生涯中"最值得自豪"的事情时，谢家麟是这么总结的："我就是胆子大，什么都不怕！"就是靠这种什么都不怕的劲头，国际上认为艰巨的 BEPC 工程，谢家麟带领团队竟以优异的性能指标完成了。

他特别强调，科研的敌人是浅尝辄止、知难而退。科研工作就是解决困难问题，没有困难就不叫科研，科研工作的根本精神就是创新，没有路可走，你自己就得想出一条路。书本知识加上实际经验是创新基础。

1986 年 6 月，高杰考取了谢家麟的博士研究生，开始了他生命中与谢先生的一段不解之缘。现在已是中科院高能所研究员的高杰表示，在跟从谢先生做研究期间，谢先生对学生精心指导，强调动手能力，"手脑并用"，认为做加速器工程要立足国内条件、不怕困难、善于合作、勇于承担、敢于争先，这些对青年一代都是非常重要的精神财富。

谢家麟告诉年轻人，要相信"天生我才必有用"，要树立坚定的自信。就如他在 2008 年 88 岁之际出版的自传《没有终点的旅程》中写到的："在人生旅途到站之前，觉得有责任把自己的足迹记录下来，把自己的经历告诉后人。这些可以作为他们人生道路的参考，或许可以增添他们前进的信心和勇气。"

2010 年 1 月，谢家麟院士在办公室。（新华社发，刘捷摄）

除了勇气，谢家麟说的最多的，就是强烈的兴趣是做研究工作的最大动力，他幸运地从事了一份与自己志趣紧密结合的工作。

"我从小就喜欢自己动手捣鼓些东西。"谢家麟小时候曾偷偷用家里电灯中磁砣的铅砂、爆竹店买来的黑色火药、剥下来的火柴头和旧弹壳成功自制子弹，"射程可能不如进口的原装子弹，效果却没有什么区别。"

这样的"小聪明"总能给生活带来惊喜。冼鼎昌院士曾与谢家麟同住一个单元房，他曾回忆道："那时候中午只有一个小时的吃饭时间，但是点燃蜂窝煤就需要半个多钟头，有一天我发现厨房出现了新事物，谢先生用闹钟和电机做了个小装置，到时间炉门自动打开，提前点燃蜂窝煤。"

正是浓厚的兴趣和扎实的学习经历，让谢家麟成为同事眼中的"工程师"，也才得以让他在当时工艺难以保证制造需要的情况下，敢于拍板决定国际前沿的研究，并一切"因陋就简"，创造奇迹。

半个多世纪，谢家麟的名字一直和"加速器""绑"在一起，他为中国加速器事业躬耕一生。在生命的最后岁月中，谢家麟把仅剩的一点精力都留给了粒子加速器。谢家麟曾说，他一生最大的愿望就是做一个对国家、对人民有用的人。

参考文献

谢家麟：《没有终点的旅程》，科学出版社 2008 年版。

袁贻辰：《"白手起家"的科学大师》，《北方人》，2016 年第 5 期。

高杰：《永远怀念我的老师谢家麟先生》，《科技导报》，2016 年第 5 期。

顾迈男：《北京正负电子对撞机建成前后》，《百年潮》，2012 年第 4 期。

操秀英：《谢家麟：为高能物理"加速"》，《科技日报》，2012 年 2 月 15 日。

科学家名言

我就是个普通人，不聪明，也不能干，我能得奖，证明即使资质一般的人，只要努力，就能成功。

——谢家麟

大科学家小故事

回到中国，是雪中送炭

谢家麟曾受邀多次为中国科学院大学的新生做讲座，每每结束，他总会被学生团团围住，工作人员想结束，谢家麟又笑起来："不打紧，我曾经也是学生。"

还有一次，台下有个胆大的学生提问："您从美国回来以后，后悔过吗？"

在现场的工作人员有些担心，生怕气着谢先生。当年谢先生动手写书时，是一个字一个字往电脑里敲，但一次误操作让电脑中的文字全部消失。一着急，谢家麟脑中风，住进了医院。

可这回谢家麟没着急，他笑着告诉那名学生："不后悔。我留在美国，是锦上添花。回到中国，却是雪中送炭。"

2012年

郑哲敏

"爆炸力学"带头人

· 1924.10 — 2021.8 ·

· 爆炸力学专家 ·

· 中国科学院院士 ·

· 中国工程院院士 ·

· 中国爆炸力学的奠基人和开拓者之一 ·

· 2012 年度国家最高科学技术奖获得者 ·

他是中国现代力学事业的领导者和组织者之一，在国际力学界享有盛誉，曾与合作者提出了流体弹塑性理论，建立了穿破甲的动力学模型与相似律，奠定了爆炸加工、水下爆炸筑堤等工程技术科学基础，在国防安全与国民经济建设中发挥了重要作用。

他曾说："我从旧时代走过来，富国强民是梦想，总想为国家做点实实在在的事，这是很简单的想法。"

他就是中国科学院院士、中国工程院院士、国家最高科学技术奖获得者、中国科学院力学研究所研究员郑哲敏。

2021 年 8 月 25 日，郑哲敏院士在北京逝世，享年 97 岁。

❖ 琅琅家风塑国器 ❖

1924 年 10 月，郑哲敏出生在山东济南，父亲郑章斐是著名钟表品牌亨得利的合伙人。这名出身贫寒的成功商人向来主张子女应当勤勉好学、修身养性，这也为郑哲敏和家中兄妹的成长营造了良好的家庭坏境。

1937 年 7 月，郑哲敏先随母亲避难于宁波乡下，后辗转南昌、九江、武汉入川，追随父亲落脚成都，在战火中度过了自己的少年时代。

"当时初中老师问我们长大后想做什么，我说想当飞行员和工程师。"战争的惨烈激发了少年的报国之心，郑哲敏梦想着有朝一日自己能够搏击长空，为国杀敌，或者从事工程，强国抗敌。

郑哲敏非但没有在那段动荡的岁月中荒废自己的学业，反而在父亲的引导下养成了让自己受益终生的自学习惯，成长为"学霸"。

1943 年，郑哲敏以优异的成绩考入西南联大，就读于工学院电机系，次年转入机械系。

抗日战争胜利的第二年，郑哲敏所在的工学院迁回北京清华园，在那里，他遇到了自己的恩师——1946 年从美国回国任教的力学家钱伟长教授。在钱伟长的课上，郑哲敏第一次接触到了流体力学、弹性力学等近代力学的发展前沿，并产生了极大的兴趣。

大学教育让郑哲敏对自己的责任以及国家的前途命运有了更加深刻的思考。如何才能实现富国强民的梦想？在一番思考和探索之后，郑哲敏决定投身科研，并选择了力学作为自己的终身研究方向。

虽然最终没能成为儿时梦想的"大英雄"，但科学报国的选择，却更加成全了郑哲敏的拳拳报国之心。

❖ 赴美留学，求自强报国之计 ❖

1947 年，郑哲敏从清华大学机械系毕业之后选择留校，成为钱伟长教授的助教。1948 年 8 月，在钱伟长等人的联名推荐之下，郑哲敏踏上了赴美留学的旅程，进入美国加州理工学院，一年后获得硕士学位，接着跟随当时已经誉满全球的钱学森攻读博士学位。

博士在读期间，郑哲敏的表现同样引人瞩目，在多个新学科领域取得了显著进展，并于 1952 年 6 月取得了加州理工学院应用力学与数学博士学位。

在郑哲敏看来，"出国留学就是为了归国报效，从来没有过其他想法"。因此在拿到博士学位之后，他立刻提出了回国申请。

但受到麦卡锡主义的迫害，郑哲敏被当地移民局羁押，获朋友保释之后立即起诉要求离境。虽然他赢了官司，却被美国政府以"不利于美国利益"为由禁止离境，且护照一直被扣押，归国计划迟迟不能实现。

郑哲敏 1955 年离开美国绕道欧洲回国前拍摄的照片。（新华社发）

这一切都不能动摇郑哲敏科学报国的信念，他始终牢记老师钱学森对自己的叮嘱，"一切要以国家需要为己任"。

郑哲敏在家书中，谈及自己在美国被移民局"找麻烦"的经过。1954 年中美大使级会谈期间，美方宣布允许中国留学生离境，第一批允许离境的中国留学生包括郑哲敏。郑哲敏虽然得以回国，却必须承受屈辱。7 月 27 日收到移民局函，限期 9 月 27 日前离境，逾期将驱逐出境。然而两个月内办成所有手续十分困难，郑哲敏想方设法才在限期内办完离境的手续。移民局遂发文指明"该目标"于某日自某口岸乘某轮船出境，"该目标"的右拇指纹见文书。是日，移民局官员到码头监视郑哲敏登船离境。

郑哲敏从纽约坐船，辗转法国、瑞士、苏伊士运河、新加坡和香港等地，历时 4 个多月才回到了自己阔别 6 年半的祖国。

✣ 临患不忘国 ✣

回国后，郑哲敏成为中国科学院力学研究所的 18 位建所元老之一。

1960 年，郑哲敏和他的同事开始研究爆炸成形。"爆炸成形"就是通过控制爆炸时能量释放的方向和力度，将材料炸成预先设定的形状。

当年春节后的一次小型爆炸实验中，一块手掌大小的钢板被雷管炸成一个规整的小碗。力学所所长钱学森举着这个貌不惊人的小碗说，这是新生事物，可能代替大型水压机成形。

当时，我国的"两弹一星"计划已经到了研制的关键时期，

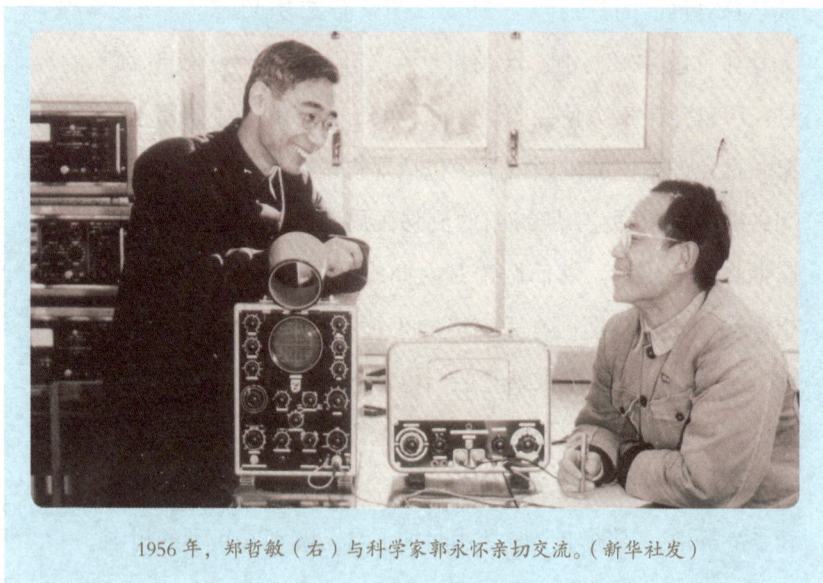

1956 年，郑哲敏（右）与科学家郭永怀亲切交流。（新华社发）

但由于国内没有大型水压机，有些零件的成形难以控制，应该如何制造导弹和火箭急需的喷管，成了摆在所有人面前的一大难题。1961 年 5 月，同时任国防部五院院长的钱学森，安排使用"爆炸成形"解决这个难题。

当时关于这个问题的解决方案在世界范围内还是一片空白，而在回国之前，郑哲敏甚至连炸药和雷管都不曾见过。

"虽然是一个全新领域，但国家需要，我当然义不容辞。"面对这个伤脑筋的问题，郑哲敏拿出了自己小时候自学时的坚韧和毅力，日夜苦思冥想。

一番刻苦攻关，在同事们大量实验室实验和现场试验的基础上考察未知现象，凭借坚实的学术功底，郑哲敏终于研究出了"爆炸成形模型律与成型机制"，为我国高精度导弹部件生产铲除了一大障碍。

就在爆炸成形问题解决的同时，一门新的分支学科由此诞生，钱学森在 1963 年前瞻性地将其命名为"爆炸力学"，郑哲敏就此成了这门学科的带头人。

之后的 30 多年里，郑哲敏带领着他的科研团队，又提出了"流体弹塑性模型"等爆炸力学经典理论，并在核爆效应、穿破甲机理、爆炸安全、防护工程、爆炸复合、热塑失稳、爆炸处理水下软基、瓦斯突出机理等爆炸力学领域取得了一系列具有重要影响的成果，成为"爆炸力学"这门学科的一位奠基人和开拓者。

在条件艰苦的年代，爆炸成形技术作为一项特种工艺，在多个领域发挥了重要作用。而现在，我国已经配备了先进的大型水压机，爆炸成形技术也逐步被更加先进的制造方法取代。但郑哲敏并没有停下探索的步伐，在 21 世纪又将目光转向了天然气水合物，即可燃冰，这一新兴的研究领域。

❖ 荣誉加身 ❖

生性淡泊名利的郑哲敏，一生都在践行自己当年科学报国的愿望，而他所获得的众多荣誉奖项，正是对他一路走来辛苦付出的肯定和见证：他不仅先后当选了中国科学院院士、美国工程院外籍院士、中国工程院院士，还继钱学森之后成为中国科学院力学研究所的第二任所长、中国力学学会第三任理事长、国际理论与应用力学联盟的执行委员。

1984 年，郑哲敏（左一）在北京石景山电厂爆破拆除现场。（新华社发）

2014年5月21日，著名力学家、我国爆炸力学的奠基人和开拓者之一郑哲敏院士。（新华社记者金立旺摄）

郑哲敏院士因为对"爆炸"的精准掌控和他在力学领域的突出贡献，获得了 2012 年度国家最高科学技术奖，而此时距离第一次"爆炸成形"实验成功已经过去了半个多世纪。

❖ 老当益壮，宁移白首之心 ❖

获得了巨大的荣誉之后，九十多岁高龄的郑哲敏院士心中依然牵挂着祖国的未来发展，不仅一直活跃在科研和教学一线，还用自己一生的经验和感悟寄语青年科研人员。

"自然科学研究是比较苦、枯燥。但这些基础研究必须要走在前面，才能真正推进科技创造和发明，带动其他学科。现在各方步伐都很快，但我想还应有一批人，有志于稳下来，实实在在做一些事。"

从抗日战争、出国留学，到改革开放前后，包括科学技术发展日新月异的新时代，郑哲敏一直矢志不渝地走在自己选定的报国道路上。

正因为有一代又一代像郑哲敏这样的人，将一生全部的身心奉献给了祖国的科学事业，我们的富国强民的梦想才能得以实现。

参考文献

田亮：《郑哲敏的"爆炸"传奇》，《环球人物》，2013 年第 4 期。

詹媛：《国家最高科技奖获得者郑哲敏：拓荒爆炸力学》，《光明日报》，2013 年 1 月 19 日。

张茜：《爆炸力学之父郑哲敏：自学是一项很重要的能力》，《中国青年报》，2017 年 11 月 13 日。

陈磊：《郑哲敏：解开爆炸的力学密码》，《科技日报》，2013 年 1 月 19 日。

付强：《中国爆炸力学奠基人郑哲敏：赤子之心报效祖国》，中国新闻网，2016 年 10 月 9 日，http://www.cas.cn/zkyzs/2016/10/72/cmsm/201610/t20161010_4577271.shtml。

科学家名言

科研有突破的那一刻很快乐，但是更多的时候很苦、很枯燥，在一遍又一遍的错误中寻求突破，在反反复复的试验中总结创新。

——郑哲敏

大科学家小故事

看得更深一些、更远一些

求学时，郑哲敏遇到了两位对他影响深远的人——他的大学老师钱伟长和博士生导师钱学森。

"他们教了我很多科研精神、研究方法和做人的原则，让我终身受益。"如今已是桃李满天下的郑哲敏始终对两位老师心存感激。

"钱学森先生曾对我说，你做这个问题要想到后面更大的问题是什么，这对我的影响很大，就是说不要把眼光只局限在眼前的'小'问题上。"这也成为郑哲敏一生治学的信条。

王小谟

"中国预警机之父"

· 1938.11 —·

· 雷达专家 ·

· 中国预警机事业的开拓者和奠基人 ·

· 中国工程院院士 ·

· 2012 年度国家最高科学技术奖获得者 ·

雷达、预警机……自从 50 多年前走上国防科研这条路，这些神秘的词汇就和王小谟紧密相连。中国工程院院士王小谟是中国著名雷达专家、中国预警机事业的开拓者和奠基人。

王小谟说他这一辈子只干了一件事，就是研制雷达，然后负责将世界上最先进的技术应用到预警机上。在他心中，中国人不比别人差，别人能想到的方案，中国人一样能想出来。

❖ 从感兴趣到有责任感 ❖

王小谟 1938 年 11 月出生于上海，他小时候喜欢两件事，第一是京剧，第二就是无线电。小时候住大杂院，邻居喜欢唱京剧，王小谟他们一群小孩儿就跟着喜欢上了听戏。后来想听戏但没钱进戏院，他就自己组装收音机，逐步培养起了对无线电的兴趣。

高中毕业时，为了选择志愿，学校组织学生去各个大学参观。当时王小谟看到展出的雷达，感到很震撼，就选定了雷达研究方向，并被保送至北京理工大学。"当时无线电的民用主要是收音机，在军事上主要是用于雷达。在大学里学习无线电主要就是学习雷达研制，我就这样跟雷达结下了不解之缘。"王小谟说道。

1961 年，王小谟大学毕业后踌躇满志地走上研制雷达的道路。在那个年代，研制雷达是年轻人心目中神圣而又时髦的行当。由于当时苏联专家已经撤走，技术人才紧缺，王小谟在工作两三年后就负责起新型雷达研制工作。

"当时我们研制的是 583 雷达，全国有很多单位给我们做配套工作，我的心情可以说是既自豪，又深感责任重大。在 20 世纪 50 年代末 60 年代初的时候，我们国家的无线电水平并不是十分落后，所以当时我们就下定决心一定要做出世界一流的雷达。"王小谟说，抱着这样的决心，他们一群年轻人想出了很多点子，比如他们在世界上第一个提出了脉内扫频方案，比英国提出这一方案早一年。

"工作后进步还是很快的，当上了副总设计师。"王小谟说，"结果还没当两年，'文革'开始了，给我扣了个'反动学术权威'的帽子，说我'只专不红'，勒令不许搞研究，发配去机房管计算机。"

就这样，583 雷达研制被迫中断，而英国人做的雷达却在世界上卖了很多。"这件事对我们的刺激非常大，我认为我们中国人并不落后，别人能想到的方案，我们中国人也能想到，甚至能比他们提前想到。"王小谟说。

被迫离开科研岗位的王小谟纵然有万分遗憾，但没有自暴自弃。计算机房地处偏僻郊外，他倒也乐得清静，干脆开始自学计算机知识。两年下来，王小谟不仅把机房管理得井井有条，还成了个计算机专家。

让王小谟没有想到的是，他学的计算机知识在此后研制 383 雷达时派上了大用场。20 世纪 70 年代初，王小谟支援"三线"，在偏远的贵州山区研制 383 雷达，并担任主设计师。383 雷达是一个三坐标雷达，相比过去的雷达只能看到距离和方位，三坐标雷达还能看到高度。艰苦条件下，王小谟等人夜以继日地攻关，13 年磨一剑，终于研制出我国第一部自动化三坐标雷达。该雷达的技术指标达到国际先进水平，被称作"山沟沟里飞出的金凤凰"。

由于在 383 雷达研制中的重大贡献，1985 年王小谟荣获国家科技进步一等奖。在 383 雷达研制成功之后，王小谟开始关注地面雷达对低空的防御问题，并主持开展技术攻关。1986 年，在国内缺乏研制经费的困难条件下，王小谟自筹资金，在前期技术攻关的基础上主持设计了我国第一部中低空兼顾的地面雷达 JY-9。该雷达凭借良好的性能，1989 年在埃及与美、英、法、俄罗斯等同类产品的同台竞技演习中，一鸣惊人，电子对抗性能排名第一，综合排名第二，是国际公认的优秀雷达。不久，即以国际价格出口多个国家，为我国雷达赢得了世界声誉，同时也陆续装备国内。1995 年，王小谟再次荣获国家科技进步一等奖。

383 雷达和 JY-9 雷达先后荣获国家科技进步一等奖，是我国地面防空雷达于 20 世纪 90 年代全面步入世界先进行列的重要标志，也标志着我国基于地面雷达的防空网建设取得重大成果。王小谟不仅开启了我国现代雷达技术研制的新篇章，也在国际雷达界树起了自力更生和自主创新的一面旗帜。

王小谟说，在工作过程中，他逐渐认识到雷达事业的重大意义，那就是要为国家站岗放哨。就这样，王小谟对雷达事业的理解，从一开始的感兴趣到热爱，到最后怀有责任感。

❈ 中国一定得有自己的预警机 ❈

我国预警机从无到有，王小谟在其中发挥了关键作用。从一穷二白开始，王小谟带队组织实施了机载预警雷达的关键技术攻关，并逐步突破多项关键核心技术。中国空警－2000预警机成为世界上看得最远、功能最多、系统集成最复杂的机载信息化武器装备之一。

见过预警机的人知道，那是一种机身上装着巨大圆盘状雷达天线的大型飞机。预警机就像空军的眼睛，是集情报探测、指挥控制、通信导航、电子对抗、信息传输于一体的大型综合电子信息装备，是国土防空中增强低空、超低空预警探测和空中指挥引导能力的重要手段。20世纪90年代初，海湾战争的爆发，让中国看到了装备预警机的紧迫性，预警机的研制提上了日程。

但在当时放眼世界，只有少数几个国家能够研制预警机，王小谟感到使命在召唤，便以坚定的自信心发出誓言："根据我们掌握的技术，一定能自行研制预警机！"

其实早在20世纪80年代末，王小谟就积极搜集资料，开展预警机关键技术研究。他与十几位老专家联名上书，向国家有关部门建言献策，建议自主研制预警机，但这一想法一经提出就受到了一

2014年11月11日，空警－2000在珠海航展上进行飞行表演。（新华社记者梁旭摄）

些质疑：自主研制预警机，谈何容易？技术行不行？能力行不行？

"我们当然可以从国外买，省时省力，但是一旦战争真的爆发，国外只要卡住几个配件，我们买回来的预警机就用不了。中国一定得有自己的预警机！"王小谟说。

20世纪90年代中期，王小谟受命担任中方总设计师，主持预警机对外合作研究工作，开启了国际合作研发之路，但在合作过程中，合作方以色列并未向我方提供核心技术，"我就想这样下去也不行，我们就在国内同步研制预警机。最后，以色列迫于美国的压力终止了和我们的合同。在这种情况下，我们一定要争口气，研制出中国人自己的预警机。我们把'我们一定要争口气'这个口号放得很大，挂在试验场，每天都能看到。"

回忆往事，王小谟仍显激动地说："当年我向时任国防部部长下了军令状，如果不成功，我会提着脑袋来见你。"他告诉记者，他说这番话，不是玩笑。

空警-2000预警机从1999年立项，到2003年首飞成功，王小谟和他的团队实行的是"7·11"工作制，一周要上7天班，每天工作超过11个小时。与之相伴的，还有试验中飞机上90多分贝的噪声和不可预料的飞行风险。有一次飞机失速，从高空一直掉到3000米高度才稳住，当时机上有的试验人员耳膜就被急速变化的压力给击穿了。

这数年中，研制团队突破了预警雷达研制最为关键的"两高一低"技术，建立了亚洲最大的测试暗室和亚洲最大的热压罐。国产预警机创造了世界预警机发展史上的9个第一，突破100余项关键技术，获得近 30 项专利，中国空警-2000 预警机成为世界上看得最远、功能最多、系统集成最复杂的机载信息化武器装备之一。美国知名智库詹姆斯敦基金会发表评论："中国采用相控阵技术的空警-2000 比美国的 E-3C 预警机整整领先一代。"

2009 年 10 月 1 日，新中国成立 60 周年阅兵式上，由王小谟主导研制的空警-2000 和空警-200 预警机作为领航机型，引领机群，分秒不差飞过天安门广场。站在观礼台的他已经无法控制自己的情绪，眼泪大颗大颗掉了下来。

2010 年，空警-2000 预警机荣获国家科技进步特等奖。

✥ "国家的需求就是目标" ✥

与王小谟共事过的人都知道，无论在什么情况下，他永远都把事业放在第一位。

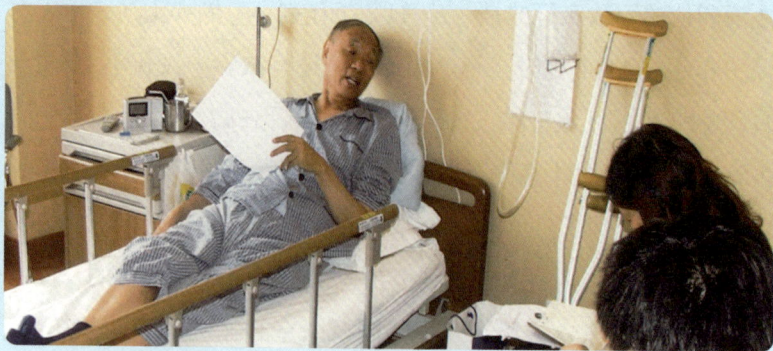

2006 年 7 月，王小谟在病床上坚持工作。（新华社发）

2013年7月25日，预警机设计研究团队部分成员在工作现场合影。（新华社记者金立旺摄）

1979年，王小谟对383雷达样机进行试飞，然而雷达测试接连失败，团队把每个部分都检查了仍没有找出问题。

"这么持续了三个月，真是一点办法没有，那时候'死的心都有了'。"王小谟说，后来在偶然之中，他看显示器的时候发现了问题所在。原来当时检测雷达12路接收器的时候，是一路一路检测的，独立工作都没有问题。但当12路在一起工作时，接收器彼此之间有轻微干扰，影响了接收器的灵敏度，而这个干扰是随着雷达频率的变化时有时无的。

王小谟说，科研中没有一次成功的事，研制383雷达的大部分时间都在失败中度过，但是总的方向对了，最后获得了成功。"成功在于再坚持一下""做事最重要的是持之以恒，否则一事无成"。

在研制空警–2000 和空警–200 "一大一小"预警机的过程中，王小谟自筹资金研制出口型 ZDK03，他亲任出口型预警机总设计师，首次提出运八平台背负圆盘型天线罩的设想。2004 年，ZDK03 预警机经国家批准出口。2008 年，中国同巴基斯坦正式签订了出口合同。在王小谟的锐意推动下，我国预警机实现了从引进到出口的转变，在国际上产生了深远影响。出口型预警机的研制，不仅实现了我国信息化武器装备的重大突破，而且从技术上验证了"运八也能背圆盘"，实现了"小平台、大预警"，从而为推动基于国产平台的预警机系列化发展打下了重要的技术基础。

预警机的研制和发展，也促进了我国信息技术产业从元器件国产化到系统整体技术水平的显著提高，实现了我军信息化武器装备的跨越式发展，已形成的系列化、规模化预警机装备极大地提升了新时期我军信息化联合作战能力，扩大了我国的政治和军事影响力，同时也极大地鼓舞了民族自豪感。

然而很少有人知道，年近七旬的王小谟在研制预警机的过程中曾在零上 40 摄氏度和零下 30 摄氏度的机舱熬过数月。在预警机研制的关键时期，他遭遇车祸，腿骨严重骨折。雪上加霜的是，他又被诊断出患有淋巴癌。

所有人都焦虑了，然而，病床上的王小谟却镇静从容，一边输液一边和设计师探讨研制问题，病情稍有好转，他又像往常一样出现在试验现场。王小谟说，希望有更多的年轻人走进电子信息这个行业，投身到雷达和预警机研制队伍中来，把中国的雷达和预警机做到世界第一，实现中国雷达预警技术的平台梦、系统梦和尊严梦。

　　50年栉风沐雨，50年厉兵秣马。直到今天，王小谟依然"跋涉"在祖国的预警机事业里。他清楚地知道自己的目标："预警机并没有到头，后面的路还很长。我们搞装备的，国家的需求就是目标。"

参考文献

孙灿，徐梦龙：《著名雷达工程专家王小谟：要想把核心技术掌握在自己手里，必须从基础做起》，中央纪委国家监委网站，2018 年 5 月 31 日，https://www.ccdi.gov.cn/yaowen/201805/t20180529_172747.html.

张子扬：《中国"预警机之父"王小谟：我这辈子只干了一件事》，中新社，2014 年 8 月 6 日，https://www.chinanews.com/mil/2014/08-06/6464157.shtml.

顾瑞珍：《小谟大成——记 2012 年度国家最高科技奖获得者王小谟》，新华网，2013 年 1 月 18 日，http://politics.people.com.cn/big5/n/2013/0118/c70731-20253345.html.

罗沙：《中国预警机之父王小谟：一辈子只做一件事》，新华网，2013 年 7 月 20 日，https://www.163.com/news/article/947KKJOQ00014JB5.html.

科学家名言

　　我从来不相信中国人会比别人笨。别人搞得出来的东西，我们也可以。这个信念一直都在我心里，支持着我一辈子只做一件事：研制雷达。中国梦，往大了说是国家强盛、民族复兴，在我这里，就是要把中国的预警机做到最好，做到卓越。

——王小谟

大科学家小故事

因祸得福学计算机

1961 年，王小谟从大学无线电专业毕业，踌躇满志地走上研制雷达的道路。而在那个年代，搞雷达是年轻人心目中神圣而又时髦的行当。

"工作后进步还是很快的，很快当上个副总设计师。"王小谟笑呵呵地说，"结果还没当两年，'文革'开始了，给我扣了个'反动学术权威'的帽子，说我'只专不红'，勒令不许搞研究，发配去机房管计算机。"

被迫离开科研岗位的王小谟纵然有万分遗憾，却没有自暴自弃。计算机房地处偏僻郊外，他倒也乐得清静，干脆开始自学计算机知识。两年下来，不仅机房管理得井井有条，还成了个计算机专家。

"这也算是因祸得福吧。"他说，"当时就是想着趁机多学点东西，就算现在用不上，将来总有用得上的时候。"

2013年

张存浩

为国三次转行的物理化学家

· 1928.2 —·

·物理化学家·

·中国科学院院士·

·2013 年度国家最高科学技术奖获得者·

他有着书香门第的家世，也曾有留学海外的光鲜学术背景，他在建设新中国的号角声中回国，在一穷二白的困境中起家。一生中，他曾多次改行，而每次改行皆因国家所需。

他，就是我国著名物理化学家、中国科学院院士、2013 年度国家最高科学技术奖获得者——张存浩。

❄ 骄子出名门 ❄

1928 年 2 月，张存浩出生在天津的一个书香世家。

张存浩的父亲张铸早年留学美国，曾任天津化工局高级工程师；伯父张锐毕业于清华大学，师从梁启超先生；三叔张镈是著名建筑师，曾主持设计建造了人民大会堂、民族文化宫等著名建筑；姑母张锦 23 岁时在美国获得伊利诺伊大学化学博士学位，是中国有机化学领域较早的女博士；姑父傅鹰是我国著名物理化学家，中国胶体科学的主要奠基人，1955 年中国科学院首批学部委员，曾任北京大学副校长。

❄ 报国赤子心 ❄

1947 年，张存浩毕业于中央大学化工系，后在姑姑的安排下赴美留学。1950 年获美国密歇根大学化学工程硕士学位。

当时正值朝鲜战争爆发，中美关系十分紧张。张存浩意识到，美国很快将阻止中国留学生归国，如果不能尽快回国，他的报国梦想也将破灭。

于是，他毅然放弃了在美国继续读博的机会，瞒着家里人买下船票，登上了开往祖国的轮船。

回国后，张存浩谢绝了北京大学等北京四家高校和科研单位的邀请，只身前往东北科研所大连分所（中国科学院大连化学物理研究所前身），开始了科研报国的征程。

✤ 三次转行，急国家之所急 ✤

学习化学工程的张存浩先是投身水煤气合成液体燃料的研究，然后转向火箭推进剂的研究，之后又带头成立化学激光实验室。三次转行，只为了急国家之所急，顺应国家需求办实事。

第一次转行是他刚入东北科研所大连分所的时候。

"当时中国缺油，可不管打仗也好，搞经济建设也好，没有油不行。"为了解决这一难题，大连分所承担了水煤气合成液体燃料的重任，刚进研究所的张存浩也积极投身到这项事业中。

经过数年研究，每立方米水煤气有效成分产率提高到了 200 克，显著超过当时国际上 160 克的最高水平，并且在产品分布、催化剂寿命等方面也都处于国际领先水平。

1956 年，凭借这项研究，28 岁的张存浩获得了我国首届国家自然科学奖三等奖。

20 世纪 50 年代，政治封锁与核威胁让祖国倍感压力，造原子弹与人造卫星的任务迫在眉睫，而火箭推进剂作为"两弹一星"的重要燃料来源，也被提升到国防安全与尖端技术的层面上。

面对这样紧迫的国家需要，张存浩毅然决定将研究方向转向火箭推进剂。

作为项目负责人，张存浩在对火箭、发动机"一无所知"的情况下，带着一群人进驻了试验基地。

火箭推进剂的试验具有极大的危险性，稍有不慎就会酿成灾难。张存浩

20世纪50年代初，张存浩（左一）在实验室进行水煤气合成液体燃料实验。（新华社发）

明白这项研究有多危险，但是越是危险，他越觉得自己应该冲在最前面，他说："从事火箭推进剂研究是很危险的，燃料也有很大毒性，完全不出事故，除非你不干。我算是专业人员都免不了出事故，如果让别人去做就会更危险。"

经过多年努力，张存浩与同事们首次提出了固体推进剂燃速的多层火焰理论，比较全面地解释了固体推进剂的侵蚀燃烧和临界流速现象。1964年，项目成功收官并荣获国家自然科学奖三等奖。

诞生于20世纪60年代初的激光，因亮度高、不需要庞大电能，在军事与工业方面展现了广泛的应用前景。1973年，张存浩第三次转行。这一次，他发起组建了激光化学实验室。

2013 年 7 月，张存浩院士（左二）在中国科学院大连化学物理研究所。（新华社发）

　　和上次一样，他们依旧是一无所有，没有文献参考、没有仪器设备、没有理论可借鉴，但 45 岁的张存浩选择再次成为开拓者。

　　激光化学实验室第一批组员、中国科学院院士沙国河回忆当时的情况："他非常着急，想尽快把化学激光搞上去。他也不说什么，但就是每天来检查工作，问你有什么进展。要是总没有进展的话，你自己也会不好意思的。"正因如此，张存浩得了一个"张着急"的绰号。

　　正是由于张存浩的"着急"，实验室夜以继日地研究，半年内便将激光功率从 0.3 瓦提升至 100 瓦，大家的信心也随之建立起来。功夫不负有心人，1985 年，张存浩率领团队研制出我国第一台放电引发脉冲氧碘化学激光器，该机器整体性能指标与当时世界先进水平持平。

2013 年 7 月，张存浩院士（左三）在中国科学院大连化学物理研究所。（新华社发）

从研究"合成石油"到研究火箭推进剂及发动机，再到开创中国高能化学激光的研究，张存浩一次又一次"改行"，无怨无悔。他的信念只有一个：急国家之所急，中国缺什么，就去做什么。

✦ 花甲之年，再攀高峰 ✦

20 世纪 80 年代，已近花甲之年的张存浩又在化学激光领域掀起了一场波澜。

1979 年，张存浩提出要发展波长更短的氧碘化学激光，这在当时是国际上最为前沿尖端的课题。但这是一项不被看好的课题，不仅资料、仪器、设备缺乏，连科研经费都没有。没有钱怎么办？张存浩性子一急，借！

2014 年 1 月 10 日，中共中央、国务院在北京隆重举行国家科学技术奖励大会。图为获得 2013 年度国家最高科学技术奖的中国科学院院士张存浩在台上领奖。（新华社记者兰红光摄）

张存浩回忆说："当时跟国防科工委借过钱，30 万是有的，而且很准确。这是一条路，其他我还找过。"

正是因为张存浩当年的坚持与奋力一搏，化学激光如今已成为我国应用激光的首要来源。在他和研究团队的坚持下，超音速燃烧型氟化氢、氟化氘激光器、我国第一台连续波超音速化学激光器、世界首台放电引发的脉冲氧碘化学激光器和我国第一台连续波氧碘化学激光器先后问世，我国的激光器整体性能始终保持在国际先进水平。

而这道高能化学激光也为张存浩带来了国家最高科学技术奖这项殊荣。

22 岁回国，他和同事们一起研制水煤气合成液体燃料，达到世界领先水平；36 岁，中国火箭技术面临从无到有的攻关，他又转行在火箭推进剂及其燃速理论上取得突破；1973 年，45 岁的他在一穷二白的条件下，组建了化学激光实验室……

回顾几十年的科研经历，张存浩说："我们当时胆儿比较大，很大的包袱倒也没有，就是觉得，别的国家能干的，我们也能干。"

参考文献

邱晨辉：《张存浩："我的贡献不如年轻人大"》，《中国青年报》，2014 年 1 月 11 日。

李白薇：《张存浩：中国化学激光之父一生报国》，《科学中国人》，2014 年 1 月。

科学家名言

科学无国界，但科学家是有国界的。我坚定地相信，新世纪一定会大书特书中国科学的丰功伟绩，这些丰功伟绩将属于新一代的中国科学家。

——张存浩

大科学家小故事

殚精竭虑培养人才

张存浩 1991 年出任国家自然科学基金委员会主任，在他担任主任 8 年多的时间里，自然科学基金总经费增加了近 8 倍。他还在我国科技管理部门中第一个倡议设立了专门从事学风管理的机构——国家自然科学基金委员会监督委员会，保障了国家自然科学基金事业的健康发展。

张存浩说："60 多年的学术生涯，我常想起那些共同工作的技术人员。他们得到的荣誉少、待遇低，但没有他们协助，也就无法取得科研的成功。一想起他们，我就觉得特别感激。我忘不了他们。"

他两次上书国家领导人，最终申请设立了"国家杰出青年科学基金"。20 多年来，"杰青"项目共资助了 3000 多名科研人员。这项在基础研究领域以发掘人才著称的资助项目，如今成为国家自然科学基金委员会的品牌。

程开甲

以身许国铸核盾

· 1918.8 — 2018.11 ·

· 著名物理学家 ·

· 中国科学院院士 ·

· "两弹一星" 功勋奖章获得者 ·

· "八一勋章" 获得者 ·

· "改革先锋奖章" 获得者 ·

· 2013 年度国家最高科学技术奖获得者 ·

程开甲院士长期从事理论物理、核武器研制与试验、抗辐射加固等领域的科学技术研究工作，是我国核武器事业的开拓者之一，中国特色核试验科学技术体系的创建者之一。

2014年1月10日，程开甲院士获得2013年度国家最高科学技术奖，他说："常有人问我对自身价值和追求的看法，我说，我的目标是一切为了祖国的需要，人生的价值在于奉献是我的信念。正因为这样的信念，我才能将精力全部用于我从事的科学研究和事业上。"

✦ 幸运恩师，夯实基础 ✦

1918年8月，程开甲出生在江苏省吴江市盛泽镇，祖父程敬斋期望家里能出一个读书做官的人，因此为他取名"开甲"，意即"登科及第"。

1931年，程开甲考入浙江嘉兴著名的秀州中学，1937年考入浙江大学物理系。在大学读书期间，程开甲敢于挑战难题，撰写了论文《根据黎曼基本定理推导保角变换面积的极小值》，得到陈建功和苏步青的赏识，并推荐给英国数学家Tischmash教授，随后文章被苏联斯米尔诺夫的《高等数学教程》全文引用。

1941年，程开甲大学毕业后留校任助教，他先后发表了《用等价原理计算水量近日点移动》《对自由粒子的狄拉克方程推导》，以及与王淦昌教授合作进行的有关五维场的理论研究等方面的学术论文。1944年，程开甲完成了论文《弱相互作用需要205个质子质量的介子》，该论文提出了一种新介子的存在，并计算给出了新介子的质量为 205 个质子质量。

1946 年，经李约瑟推荐，程开甲来到英国爱丁堡大学，师从被称为"物理学家中的物理学家"M.玻恩教授学习。在玻恩那里，他选择超导理论研究作为主攻方向，先后在英国的《自然》、法国的《物理与镭》和《苏联科学院报告》等杂志上发表了 5 篇有分量的超导论文。1948 年，程开甲与玻恩共同提出"超导电性双带理论"模型，同年，程开甲获得爱丁堡大学博士学位，由玻恩推荐，任英国皇家化学工业研究所研究员。

❈ 十年教授，开拓前沿 ❈

1950 年，程开甲回到祖国，在浙江大学担任物理系副教授。1952 年，程开甲调到南京大学，同年提出入党申请。当时，中国发展重心为重工业，物理系确定开展金属物理研究和筹建专门化，并把任务交给了施士元和程开甲。为适应国家建设的需要，程开甲主动把自己的研究重心由理论转向理论与应用相结合。

1956 年 3 月，作为国内固体物理和金属物理方面的专家，程开甲参与了国家"十二年科学规划"的研究制定；同年 7 月，程开甲加入中国共产党；10 月，作为中国高等教育代表团成员之一，他参与了高教部组织的赴苏考察。

1958—1960 年，程开甲先后发表了《内耗热力学研究》等 10 余篇内耗研究论文，开创了国内系统的热力学内耗理论研究。同时，他与同事对固体物理理论进行研究，出版了我国第一部

《固体物理学》教科书。两年间，程开甲和施士元教授一起创建南京大学核物理专业，并参与江苏省原子能研究所的筹建。他们自己动手，成功研制了双聚焦 β 谱仪和直线加速器，为南京大学核物理发展打下了基础。

❖ 扎根戈壁，隐身为国 ❖

1960 年，程开甲调入北京，加入核武器研究的队伍。原子弹研制初期，程开甲被任命为核武器研究所副所长，分管材料状态方程的理论研究和爆轰物理研究。他第一个采用合理的 TFD 模型估算出原子弹爆炸时弹心的压力和温度，为原子弹的总体力学计算提供了依据。1962 年，经钱三强推荐，程开甲成为我国核试验技术的总负责人，担任核武器试验研究所副所长。

第一颗原子弹爆炸零时的主控台（左二为程开甲）。

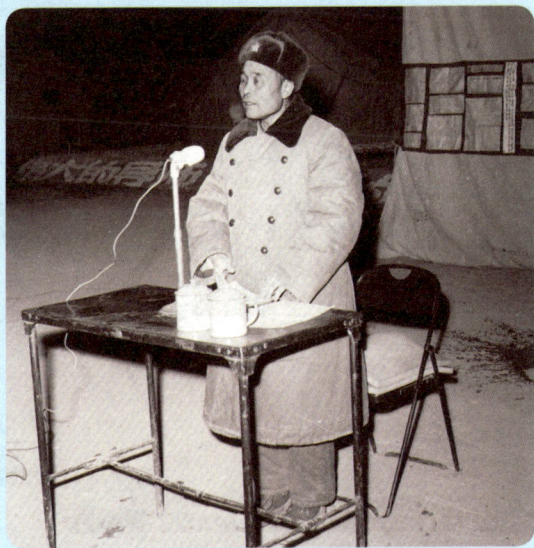

20世纪70年代，
程开甲在做任务前动
员。(新华社资料照片)

程开甲作为我国核试验技术的总负责人，从 1963 年到 1984 年间，成功地参与主持决策了 30 多次核试验任务，建立发展了核爆炸理论，系统阐明了大气层核爆炸和地下核爆炸过程的物理现象及其产生、发展规律。以该理论为指导，创立了核爆炸效应的研究领域，领导并推进了我国核试验体系的建立和科学发展，研究解决核试验的关键技术难题，支持了我国核武器设计改进和运用。

❈　生命不息，创新不已　❈

创新是科学的生命之源。1984 年，程开甲离开核武器试验基地，担任原国防科工委（现总装备部）科技委委员，围绕"假如

程开甲在打字机上撰写论文。（新华社资料照片）

打一场高技术战争，我们怎么办"进行战略层面的思考谋划，他提出必须提高我国战略武器抗辐射能力的思想，并担任该研究方向的专业组组长，开创了抗辐射加固技术研究新领域，倡导开展了高功率微波研究新方向，为国防科技和武器装备发展作出了重要贡献。

程开甲重新开始基础研究课题，进一步发展、完善了"程—玻恩"超导电性双带理论以及高温超导和低温超导普遍适用的双带理论，出版了《*Study of Mechanism of Superconductivity*》（1991）和《超导机理》（1993）两部专著。此外，他还提出并建立了系统的"TFDC（托马斯—费米—狄拉克—程开甲）"电子理论。

❖ 努力不懈，不老常青 ❖

2004 年，程开甲在《神剑》杂志第 1 期发表《创新是科学的生命之源》一文，对自己的成长经历和科学思想进行了自述。下文节选自该文：

创新是科学的生命之源。面对所遇到的每一个问题，首先要有科学的态度，决不能有束缚，不能跟着已有的跑，拿着现成的做些锦上添花的事。要有创新思维。不管是学习、科研、任务，我总是从不同的角度去思考和比较，总是立足于"新"，最后采用最好的和最有效的。只有创新，才有突破，才有发展，才有成功。当年我们搞核武器的研制、搞试验都是在国外对我们封锁的条件下，我们得不到资料，买不来所需的仪器设备，如果我们再没有创新的精神、艰苦奋斗的精神，我们就不会取得今天这样的成就。

创新的路是很艰难的，创新的成功不仅需要有自信，还要有求真的执着。求真是实现创新的重要条件，创新是在交流和争论中完成的。我每每提出新的观点和新的方法时，总会引出各种各样的意见或争执，我又执着好争，常常成为争论的中心。同样，一旦有问题我也会非弄个水落石出不可，每次业务和技术会，我们都讨论得很细很细，绝不放过任何疑点。我的坚持也是有效的，比如我提出的核试验测试全屏蔽的严格要求，不允许有一丝漏屏的要求得到实施，使任务完成得很出色。

常有人问我对自身价值和追求的看法，我说，"我的目标是一切为了祖国的需要"，"人生的价值在于奉献是我的信念"。正因为这样的信念，我才能将精力全部用于我从事的科学研究和事业上。

我认为我们每一个人都有自己的追求，作为中国人，追求的目标应该符合祖国的需要。当年，我从英国回来，想的就是祖国的需要，就是我怎样为祖国出力，怎样报效祖国。几十年后，有人问我对当初的决定怎么想？我说我对回国的选择一点也不后悔，我说如果我不回国，可能会在学术上有更大的成就，但绝不会有现在这样幸福，因为我所做的一切，都和祖国紧紧地联系在一起。回国后，我一次又一次地改变我的工作，我一再从零开始创业，但我一直很愉快，因为这是祖国的需要。

我以为实现目标就是作贡献，人也只有作出贡献才能体现存在的价值。以前我与陈芳允经常在一起讨论存在的价值，我们都认为只要活着就应该有所价值，所以当我们俩都到了八十好几的时候，都还继续着我们应该做的事，毫不懈怠，总要去做最能实现自身价值的创新工作。我们努力了，我们也就无憾了。

2018 年 11 月 17 日，程开甲院士去世，享年 101 岁。

斯人已逝，精神长青。他赤胆忠诚、勇攀高峰、淡泊守真的精神激励着后辈们不忘初心，为强军兴军伟大事业作出贡献。

参考文献

熊杏林，湄玉，王莹莹：《程开甲：以身许国铸核盾》，《中国科学报》，2014 年 4 月 18 日。

李国利：《程开甲：斯人虽逝 精神长青》，新华社，2019 年 1 月 11 日。

马京生：《程开甲的"三情两憾"》，《解放日报》，2014 年 1 月 17 日。

科学家名言

说起罗布泊核试验场，人们都会联想到千古荒漠，死亡之海，提起当年艰苦创业的岁月，许多同志都会回忆起搓板路、住帐篷、喝苦水、战风沙。但对于我们科技人员来说，真正折磨人、考验人的却是工作上的难点和技术上的难关。我们艰苦奋斗的传统不仅仅是生活上、工作中的喝苦水、战风沙、吃苦耐劳，更重要的是刻苦学习、顽强攻关、勇攀高峰的拼搏精神，是新观点、新思想的提出和实现，是不断开拓创新的进取精神。

——程开甲

大科学家小故事

科学实验，没有严谨就没有成功

程开甲常说："科学实验就得讲严谨，没有严谨就没有成功。"只要见过程开甲的人，都知道他对科学的热情是出了名的。

第一次核试验前，从原子弹爆心向各个测试点铺设电缆时，程开甲提出要在电缆沟里铺细沙，以保证电缆本身和测试的安全。但在一次检查中，他发现细沙没有按要求去铺，立即要求施工人员返工。这时工程队的人不干了，因为已经铺了不少，光返工就得重拉几百车沙子铺上。程开甲坚持说："不这样就是不行！"问题很快反映到基地张蕴钰司令员那里，张司令果断地拍板："按程教授的意见办。"

还有一次，他设计的测试方法遭到许多人的反对，包括当时基地的一位副司令员。有人劝程开甲："人家是副司令员，是基地领导，你不要和他争了，出了问题他负责。"

程开甲严肃地说："我不管他是不是副司令员，我只看他讲不讲科学，这些数据是在实践中计算出来的，是科学的。要保证安全，就得按数据要求办。我要对核试验的安全负责。"结果还是按程开甲的意见办了。

1964年9月，在茫茫戈壁滩深处的罗布泊上竖起了一座102米高的铁塔，原子弹就安装在铁塔的顶部。程开甲信心十足地对张蕴钰司令员说："该想的都想了，该做的都做了。原子弹一定能响，不能不响！"

1964年10月16日15时，在惊天动地的巨响中，百米高塔上腾起了蘑菇云，中国第一颗原子弹爆炸成功。

2014年

于 敏

惊天事业　沉默人生

· 1926.8—2019.1 ·

· 核物理学家 ·

· 中国科学院院士 ·

· "两弹一星" 功勋奖章获得者 ·

· "共和国勋章" 获得者 ·

· 2014 年度国家最高科学技术奖获得者 ·

2015 年 1 月 9 日 10 时，北京人民大会堂。于敏坐着轮椅，缓缓来到主席台中央，接过国家主席习近平颁发的"2014 年度国家最高科学技术奖"荣誉证书。这一刻，距离罗布泊沙漠腹地一声惊天"雷鸣"——1967 年 6 月 17 日 8 时我国第一颗氢弹爆炸，已经过去了近半个世纪。

于敏是一个神秘人物，由于保密原因，他的著述多未公开发表。直到 1999 年 9 月 18 日，于敏才重回公众视野，作为 23 名"两弹一星功勋奖章"获得者代表发言。在这之前，他隐姓埋名长达 28 年。

面对抉择，于敏说："我们没有自己的核力量，就不能有真正的独立，面对这样庞大的题目，我不能有另一种选择。"

"一个人的名字，早晚是要没有的，能把微薄的力量融进祖国的强盛中，便足以自慰了。"惊天的事业，沉默的人生，这句话浓缩了于敏与核武器研制相伴的一生。

❖ "国产专家一号" ❖

1926 年 8 月，于敏生于河北省宁河县芦台镇（今属天津市）。他在天津耀华中学念高中时，就以各科第一闻名全校。1946 年，于敏进入北京大学理学院物理系，将自己的专业方向定为理论物理。在北大，于敏如饥似渴地学习，有时，同学们在宿舍里打牌、聊天，他却能披件旧大衣在旁边安静地看书。

高深的物理学像一块巨大的磁石吸引着他，于敏在理论物理方面的天赋很快展现出来，并以惊人的记忆力和领悟力赢得教授们的欣赏。1949 年于敏以物理系第一名的成绩成为新中国成立后的第一批大学毕业生，随后考取了北大理学院院长张宗燧的研究生，两年后以优异的成绩毕业。很快，他被慧眼识才的钱三强、彭桓武调到中科院近代物理研究所，专门从事"原子核理论"研究。

解放之初，我国的核科学技术研究几乎一片空白。国内很少有人熟悉原子能理论，而且近代物理研究所还没有一台加速器，探测元件和仪器设备也刚开始研制。

于敏几乎从一张白纸开始，在当时遭受重重封锁的环境中，依靠自己的勤奋进行理论探索。这期间，于敏与杨立铭教授合著了我国第一部原子核理论专著《原子核理论讲义》。

于敏做出的成绩迅速地提升了我国在该领域的研究水平，受

1980 年，于敏在工作中。（新华社发）

到了国内外同行专家的高度赞赏。彭桓武称赞于敏是"国际上一流的"核物理学家。

1957年，以朝永振一郎（后获诺贝尔物理学奖）为团长的日本原子核物理代表团来华访问，年轻的于敏参加了接待。听了于敏关于核物理方面的报告后，这位日本专家问道："于先生是从国外哪所大学毕业的？"于敏风趣地说："在我这里，除了ABC外，基本是国产的！"日本专家赞叹道："你不愧是中国国产专家一号！"

在研制核武器的权威物理学家中，于敏几乎是唯一一个未曾留过学的人。其实，他的一生中有无数次出国的机会，但是由于工作的关系，最终都被放弃了。于敏感慨："'土专家'不足效法。科学需要开放，应该学习西方先进的科学技术。只有在大的学术气氛中，互相启发，才利于人才的成长。"

❖ 核武器研制领军人物 ❖

1952年11月1日，美国研制的世界第一颗氢弹爆炸，其威力相当于1945年在日本广岛爆炸的原子弹的500倍。为打破超级大国的核威胁和核讹诈，我国决定自力更生研制原子弹和氢弹。

1961年1月的一天，于敏应邀来到了时任二机部副部长钱三强的办公室。钱三强非常严肃地对于敏说："上级决定让你作为副组长领导和参加氢弹理论的预先研究工作。"

这是于敏人生中一次重要转型。但这次转型，对一个刚刚崭露头角的青年科学家来说，意味着巨大牺牲，核武器研制集体性强，需要隐姓埋名常年奔波。而且于敏喜欢的是基础研究，当时已经很有成绩。和于敏有过接触的国内外许多著名物理学家都曾提到，按照他的才华，如果一直从事纯基础研究，可能会作出影响更大的成果。

尽管如此，于敏仍接受了任务，从此，他的名字从原子核理论研究领域消失了。多年后，他敞开心扉：我的青少年时代是在抗日战争时期沦陷区度过的，亡国奴的屈辱生活给我留下深刻的惨痛印象。正是这种民族忧患意识和强烈的爱国主义情感，促使我下定决心从基础研究转向研制氢弹工作。

1960—1965 年初，在于敏等人的带领下，研究小组对氢弹原理和结构作了初步探索，并解决了一系列热核材料燃烧的应用问题，产生了 60 多篇论文，均作为秘密文件保存。

原子弹爆炸成功后，为了突破氢弹原理，上级将黄祖洽、于敏及其研究小组中的 30 余人一起调往二机部第九研究院（中国工程物理研究院前身），集中力量攻克氢弹。

1965 年 9 月到次年 1 月，于敏带队突破了氢弹的设计原理，提出了一套从原理、材料到构型基本完整的氢弹理论设计方案。

于敏高兴地说："我们到底牵住了'牛鼻子'！"他当即给北京的邓稼先打了一个耐人寻味的电话。为了保密，于敏使用的是只有他们才能听懂的隐语，暗指氢弹理论研究有了突破——"我们几个人去打了一次猎……打上了一只松鼠。"邓稼先听出是好消息："你们美美地吃了一餐野味？""不，现在还不能把它煮熟……要留做标本……我们有新奇的发现，它身体结构特别，需要做进一步的解剖研究，可是……我们人手不够。""好，我立即赶到你那里去。"

1967 年 6 月 17 日，罗布泊沙漠腹地，一声巨响，湛蓝的天空随即翻腾起熊熊烈火，火球越来越大，并渐渐形成了草帽状云雾，与地面卷起的尘柱形成了巨大的蘑菇云……当日，新华社向全世界庄严宣告：中国的第一颗氢弹在中国的西部地区上空爆炸成功！

1967 年 6 月 17 日，我国第一颗氢弹空爆试验成功爆炸。（新华社资料照片）

朱光亚院士评价称，在突破氢弹的技术难关的过程中，"于敏发挥了关键作用"。这一作用被同行们评价为氢弹的"首功"。

❄ 选择"留下来" ❄

爆炸成功后，于敏完成了时代赋予的使命。他想起了当初听到钱三强告诉自己那个决定时，脑海中闪过的一个念头：突破氢弹技术后，回去做基础研究。"文革"后，钱三强也数次问于敏是否想回中国科学院。

于敏也想过离开，但他最终没有"回去"。他知道，第一代热核武器虽然解决了有无问题，但性能还需提高，必须发展第二代核

图为核物理学家于敏。（1985年摄，新华社发）

武器。于是，他留了下来，突破第二代核武器技术和中子弹技术。

1984年冬天，于敏在西北高原试验场进行核武器试验。这次试验很成功，为我国掌握中子弹技术奠定了基础。

1986年，于敏对世界核武器发展趋势作了深刻分析，认为美国核战斗部的设计水平已接近极限，再多做核试验，其性能不会有很大提高。为了保持自己的核优势，限制别人发展，他们很可能会加快核裁军谈判进程，全面禁止核试验。倘若那时我国该做的热核试验还没做，该掌握的数据还未得到，核武器事业可能功亏一篑。

于敏向邓稼先表达了自己的忧虑，邓稼先也有同感。两人向中央递交报告，希望加快热核试验进程。

后面发生的事果然如于敏所料。1992年，美国提出进行全面禁止核试验的谈判。1996年，全面禁核试条约签署。那次上书为我国争取了10年的热核试验时间。接着，于敏又提出，用精密计算机模拟来保证核武器的安全、可靠和有效。这个建议被采纳并演化为我国核武器事业发展的指导思想。

2019年1月16日，于敏因病医治无效，在北京逝世，享年

　　1999 年 9 月 18 日，中共中央、国务院、中央军委在北京人民大会堂隆重举行表彰为研制"两弹一星"作出突出贡献的科技专家大会。参加"两弹一星"研制的科学家代表、"两弹一星功勋奖章"获得者于敏在大会上发言。（新华社记者王新庆摄）

93 岁。于敏说，自己是一个和平主义者。正是因为怀抱着对和平的强烈渴望，才让本有可能走上科学巅峰的于敏，将自己的一生奉献给了默默无闻的核武器研发。

参考文献

陈海波：《于敏：愿将一生献宏谋》，《光明日报》，2015 年 1 月 10 日。

陈瑜：《于敏：惊天的事业　沉默的人生》，《科技日报》，2019 年 9 月 24 日。

陈瑜：《于敏：核弹征程舞忠魂》，《科技日报》，2015 年 1 月 10 日。

王珊：《核弹建功勋　物理著华章》，《中国科学报》，2015 年 1 月 12 日。

科学家名言

　　一个人的名字，早晚是要没有的，能把微薄的力量融进祖国的强盛之中，便足以自慰了。

——于　敏

大科学家小故事

第一颗氢弹的成功爆炸

为了研制第一代核武器，于敏八上高原，六到戈壁，拖着疲弱的身子来回奔波。

1966 年 12 月 28 日，我国首次氢弹原理试验，为确保能拿到测试结果，试验前于敏顶着戈壁滩零下三四十摄氏度的刺骨严寒，半夜爬上 102 米的铁塔顶端，检查和校正测试项目屏蔽体的摆置。

西北核武器研制基地地处青海高原，于敏的高原反应非常强烈。他每餐只能吃下一二两米饭。食无味、觉无眠，从宿舍到办公室只有百米，有时要歇好几次，吐好几次。即便如此，他仍坚持到技术问题解决后才离开基地。

1967 年 6 月 17 日，罗布泊沙漠腹地，一朵巨大无比的蘑菇状紫色烟云产生的强烈冲击波卷起沙尘，以雷霆万钧之势横扫戈壁滩。

我国第一颗氢弹爆炸成功了。那一刻，于敏并没有在现场，而是在 2500 多公里外的北京。一直守在电话机旁的他得知爆炸的威力和自己计算的结果完全一致，长长地舒了口气。

从第一颗原子弹成功爆炸到氢弹爆炸成功，我国仅用时两年八个月，创下了全世界最短的研究周期纪录。这对超级大国的核讹诈、核威胁是一记漂亮的反击。

2016年

赵忠贤

超导 "大玩家"

· 1941.1 — ·

· 物理学家 ·

· 中国科学院院士 ·

· 2016 年度国家最高科学技术奖获得者 ·

2017年1月9日上午，在人民大会堂，赵忠贤从国家主席习近平手中，接过象征科技终身荣誉的2016年度国家最高科学技术奖证书。

赵忠贤是我国高温超导研究的奠基人之一。过去百余年世界超导研究中，在两次高温超导领域的研究取得重大突破的关键时刻，赵忠贤带领的团队都"跑"在前列，他们独立发现了"液氮温区高温超导体"以及"系列50K（开尔文：热力学温度单位）以上铁基高温超导体并创造55K纪录"。前者推动了国际相关研究的热潮，赵忠贤因此于1987年获得第三世界科学院TWAS物理奖，这是中国科学家首获此奖；后者被授予Matthias奖，是国际超导领域重要奖项。

赵忠贤团队40多年里用自制的炉子或淘来的二手"土炮"，在

2017年1月8日，赵忠贤院士在办公室里。（新华社记者金立旺摄）

"不及今天百分之一"的硬件条件下，"玩"出了举世瞩目重大突破，"玩"出了临界温度世界纪录，"玩"出了中国高温超导跻身国际前列科研地位。赵忠贤是当之无愧的超导"大玩家"。

❄ "北京的赵" ❄

1941 年 1 月，赵忠贤出生在辽宁省新民县。翩翩少年，生在旧社会，长在红旗下。

1959 年，赵忠贤以优异的成绩进入中国科学技术大学。对他影响最大的，是中科大的大师办学。赵忠贤学的是低温物理，给他们上课的有严济慈、张宗燧、钱临照、洪朝生、朱洪元等科学家。来做报告的，有陈毅这样的领导，也有钱三强这样的科学家。沐浴阳光雨露，聆听教诲熏陶，赵忠贤心中就一个想法，老老实实学习，将来为国家作贡献。

1964 年，赵忠贤被分配到中国科学院物理研究所，后来被派往英国剑桥大学进修，接触到了世界超导研究的最前沿。回国后，他选择了探索"高临界温度超导体"。

超导体是当温度降低到一定数值时，其电阻突然消失的材料，它在信息通信、生物医学、航空航天等领域有巨大应用潜力。超导体要实现超导态，必须要有极低温的环境。为此，科学家一直梦想寻找到较高临界温度的超导体。

在探索十余年后，赵忠贤迎来了第一个科研高峰——1986年，45 岁的赵忠贤偶然读到一篇欧洲科学家柏德诺兹和缪勒发表的论文，讲的是"铜氧化合物可能存在 35K 超导性"。当时很多人不相信，但赵忠贤是少数"醒得早"的人。

那时科研条件异常艰苦，好多设备是赵忠贤团队自己现造的，烧样品的炉子是自己动手制作的，有的测试设备是自己组装的。赵忠贤和同事们没黑没白地干，困了就在椅子旁桌子上打个盹儿，醒来继续工作。

很快，赵忠贤团队在镧—钡—铜—氧体系中获得了 40K 以上的高温超导体，一举颠覆了认为"超导临界温度最高不大可能超过 40K"的麦克米兰极限。赵忠贤团队的研究使得超导电性低温环境的创造由原本昂贵的液氦替代为便宜而好用的液氮。一时间，世界物理学界为之震动，"北京的赵"一战成名。国际上很多实验室验证了中国的工作，掀起了国际高温超导研究的热潮。

1987年，赵忠贤（左）骑三轮车去买蜂窝煤。（新华社发，中科院物理研究所供图）

2014 年 1 月 7 日，赵忠贤院士在中科院物理研究所介绍旧实验室。照片上左边的机器是以前从国外打折购买的。就是在这里，他们团队做出了世界领先的研究成果。（新华社记者张玉薇摄）

　　凭借这一成果，赵忠贤于 1987 年获得第三世界科学院 TWAS 物理奖，他也成为首次获此奖项的中国科学家。1989 年，赵忠贤团队凭借该成果又获得了象征着我国自然科学领域最高奖的国家自然科学集体一等奖。

❖ 追逐"初心" 从未改变 ❖

　　研究超导带给科学家的并不总是期望，也有迷茫。

　　20 世纪 90 年代中后期，国际物理学界在通过铜氧化物超导体探索高温超导机理的研究上遇到了瓶颈。有人转投其他领域，有些研究团队甚至解散了。国内的研究也遇冷，但赵忠贤却坚持要坐"冷板凳"，他认定，高温超导研究有潜力，未来必将有重大突破……

"热的时候要坚持，冷的时候更要坚持。"忆及这段往事，他说，"我当时很正常，不痴迷也不呆傻。我认为超导还会有突破，所以才坚持。"

无数次制备、观察、放弃、重新开始……经费有限的情况下，没有合用的设备，赵忠贤淘来处理品，自己改装。有些设备老得连零件都买不到了，却还一直作为项目组的基础设备被使用。他说："别小瞧我这'土炮'，管用着呢！"

"冷板凳"一坐又是20多年，之后赵忠贤迎来了科研人生的另一个高峰——他与国内同行分别打破了国际物理学界普遍认为

赵忠贤在测量高温超导体基本参数。（1990年12月7日新华社发，新华社记者杨武敏摄）

的 40K 以上无铁基超导的"禁忌"。2008 年，赵忠贤带领团队发现了系列 50K 以上的铁基超导体，并创造了 55K 的铁基超导体临界转变温度的世界纪录。

2014 年年初，赵忠贤凭借这一成果再次问鼎国家自然科学一等奖。此前，这一奖项已经连续空缺 3 年。2015 年，赵忠贤被授予国际超导领域的重要奖项——Matthias 奖。

中国的一系列成果发布后，美国《科学》杂志曾发文盛赞："如果以后再有更多的样品和数据诞生于中国，我们不必感到惊讶"，"如洪流般不断涌现的研究结果标志着在凝聚态物理领域，中国已经成为一个强国"。

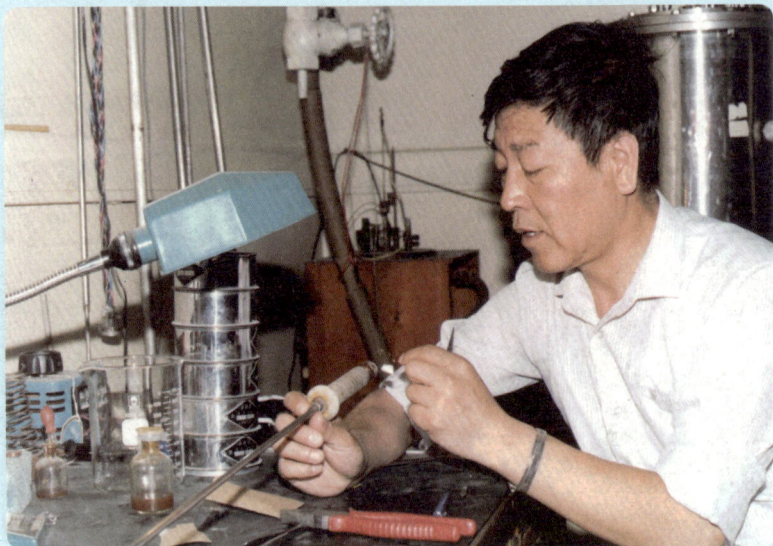

20 世纪 90 年代初，赵忠贤在中国科学院物理研究所实验室工作。（新华社发，中科院物理研究所供图）

50 多年前，当年轻的赵忠贤孤身一人背起行囊来到北京的时候，中国的超导研究还刚刚起步，高温超导更是天方夜谭。今天，这位带领着团队突破超导研究禁区的东北汉子，已过古稀之年，他的身边凝聚了一支世界领先的中国高温超导研究队伍，中国的高温超导研究已走在世界前列。

在跌宕起伏之间，赵忠贤对"初心"的追逐从未变过，用他的话说："我这辈子只做一件事，那就是寻找更好的超导材料"。

❄ 不把拿奖当科研目的 ❄

有人对赵忠贤说，一生能有一次机会获得国家自然科学一等奖已是终身荣幸，你居然拿了两次。

"我做科研从来没想过要拿奖，能拿奖很好，但不要当科研目标，科研是要为人类文明做贡献。"赵忠贤说，之所以去做，只是喜欢。"人活着要吃饭，将个人的兴趣与生计结合起来，是最理想的选择，而我恰巧很幸运。"

赵忠贤认为，做科学研究的快乐恰恰在于，那些新问题带来的挑战。他打了一个比方：我们口袋里装着许多把钥匙，同时还在不断制造新的钥匙，而其中只有一把能够开启科学之门。他要做的，就是通过不懈努力，制造、修改每一把钥匙，直到打开这扇大门。

作为两次领导科研团队获得国家自然科学奖一等奖、发表论文 400 余篇、桃李满天下的著名科学家，赵忠贤仍有遗憾，那就

2017 年 1 月 8 日，赵忠贤院士在演示磁悬浮现象。（新华社记者金立旺摄）

是未领先于日本科学家发现铁基超导材料。实际上，他的团队在 1993 年就研究过和铁基超导体结构相同的材料，只不过用的是铜，而当时铁元素被公认为不利于超导。

"现在回过头来看，如果当时思想再解放一些就好了。"赵忠贤说，在他看来，搞科研最重要的一点是能够迅速抓住问题的本质，并驾驭自己的知识和能力去解决它。而不断创新，则是保持兴趣的重要因素。他时常勉励实验室里的年轻人"什么都可以做，不怕失败，要不断创新、不断尝试"。

如今，赵忠贤仍保持着旺盛的工作热情，也时常去实验室，但"原则上只出出主意"，期望帮助年轻人找到研究超导机理问题的切入点。

在赵忠贤眼里，现在的年轻人，"有激情，肯吃苦，能战斗，可信赖"。

"但你们别像穆桂英一样，身上插好多旗子，做事情要集中一点，不要太精力分散，不要选太多，这个也干那个也干。"赵忠贤说，要选一个坚持十年，扎下根去，才能枝繁叶茂。

——成功的秘密是什么？

——热爱它，热爱它，热爱它！

参考文献

白国龙，董瑞丰：《超导"大玩家"成功的秘密是热爱——记国家最高科学技术奖获得者赵忠贤院士》，新华社，2017年1月9日，http://www.xinhuanet.com/politics/2017-01/09/c_1120276031.htm.

詹媛：《一辈子都在寻找更好的超导材料》，《光明日报》，2017年1月10日。

邱晨辉：《"北京的赵"：我就是一个普通人》，《中国青年报》，2017年1月10日。

科学家名言

高温超导的成果犹如一滴水，滴水成涓，汇聚到人类文明的长河之中。一代人做一代人的事。我愿做铺路石子，让年轻的朋友大展宏图。为实现中华民族伟大复兴的中国梦、为人类的文明进步做出新的贡献。

——赵忠贤

名词解释

　　超导，全称超导电性，是指某些材料在温度降低到某一临界值（即超导临界温度）以下时，电阻突然消失的现象，具备这种特性的材料为超导体，其在信息通信、生物医学、航空航天等领域有着巨大应用潜力。

　　事实上，超导就在我们的身边：医院里使用的 1.5 特斯拉和 3 特斯拉的核磁共振成像仪的核心部件是 1.5 特斯拉或 3 特斯拉的超导磁体；北美地区有几千台高温超导滤波器服务在手机基站上，与传统基站相比大大改善了通信质量；2012 年发现"上帝粒子"的欧洲核子中心的大型对撞机中，几十公里长的超导加速环和多个有几层楼高的超导探测器都是关键部件……

　　高温超导体，指临界温度在 40K（约零下 233 摄氏度）以上的超导体。物理学家麦克米兰根据获 1972 年诺贝尔奖的 BCS 理论计算，认为超导临界温度不大可能超过 40K，他的计算得到了国际学术界的普遍认同，40K 因此被称作"麦克米兰极限"。超导临界温度极低，广泛应用受到限制，寻找高温超导体至今仍是全世界科学家的梦想。

一辈子坚守一件事枯燥吗？
在困难条件下坚持研究苦吗？

"我觉得，我一辈子就做了一件事，但是并不枯燥，因为超导研究充满挑战与发现。能将个人的兴趣与生计结合起来，是最理想的选择，这有多快乐！"赵忠贤认为。

"科研工作者，最幸福的就是每天都在逼近真理。"赵忠贤说，"我每研究一段时间后就能看到新的东西，就是一个崭新的世界。每个人对幸福的感觉不一样。能够看到崭新的世界，我就感到很幸福，很高兴。虽然有时生活苦一些，干活累一些，但我在做自己愿意做的事，就感到很快乐。"

"给你举个不太恰当的例子。中国人逢年过节喜欢打麻将，和了很高兴。我们做科研也一样，有时有小'和'，有时有大'和'。"谈起超导研究为他带来的快乐，赵忠贤的眼中闪烁着光芒，脸上露出孩子般真诚的笑容。不难看出，这位古稀老人对科学研究事业，至今仍有着不变的赤子之心。

作为我国高温超导研究领域的奠基人之一，赵忠贤的面庞带有科学家的严谨、严格与严肃。然而言谈中，乡音不改的赵忠贤将东北人的乐观与幽默挥洒得淋漓尽致。

"在 1987 年的美国物理学年会上，为几千人作演讲，向世界展示中国超导研究的重大突破，我感到光荣与骄傲。但回到家，赶上没有蜂窝煤了，我脱了西装，蹬上板车去买煤。当时我儿子刚好拿到一架宝丽来相机，用它试拍的第一张照片就是我蹬板车。虽然形象反差有点大，但在生活里我就是个普通人。而且在那个年代，买蜂窝煤太正常了，物理所的领导干部一样也去冬储大白菜。"

屠呦呦

与青蒿结缘，用中医药造福世界

· 1930.12 — ·

· 药学家 ·

· 诺贝尔医学奖获得者 ·

· "共和国勋章" 获得者 ·

· 2016 年度国家最高科学技术奖获得者 ·

　　疟疾，世界上最主要的高死亡率传染病之一。青蒿素的发现，为世界带来了一种全新的抗疟药。以青蒿素为基础的联合疗法已经成为疟疾的标准治疗方法，在过去的 20 多年间，青蒿素联合疗法在全球疟疾流行地区广泛使用。据世卫组织不完全统计，青蒿素在全世界已挽救了数百万人的生命，每年治疗患者数亿人。

　　"中医药人撸起袖子加油干，一定能把中医药这一祖先留给我们的宝贵财富继承好、发展好、利用好。"中国中医科学院终身研究员、国家最高科学技术奖获得者、诺贝尔生理学或医学奖获得者屠呦呦的声音铿锵有力。60 多年来，她从未停止中医药研究实践。

2015 年 10 月 6 日，屠呦呦在北京家中接受采访。（新华社记者李贺摄）

从 0 到 1 的突破：
"青蒿素是中医药献给世界的礼物"

2015 年 10 月 5 日，瑞典卡罗琳医学院宣布将诺贝尔生理学或医学奖授予屠呦呦以及另外两名科学家，以表彰他们在寄生虫疾病治疗研究方面取得的成就。

这是中国医学界迄今为止获得的最高奖项，也是中医药成果获得的最高奖项。屠呦呦说："青蒿素是人类征服疟疾进程中的一小步，是中国传统医药献给世界的一份礼物。"

1930 年 12 月，屠呦呦出生于浙江宁波。16 岁时，她不幸感染肺结核被迫在家休学两年。1951 年，未满 21 岁的她考入北京大学药学系（1952 年在院系调整后改为北京医学院）。

1955 年，屠呦呦毕业后被分配到卫生部中医研究院（现中国中医科学院）中药研究所工作。1959 年，她开始系统学习中医药知识，脱产参加卫生部组织的"中医研究院西医离职学习

2015 年 12 月 10 日，在瑞典首都斯德哥尔摩音乐厅举行的 2015 年诺贝尔奖颁奖仪式结束后，屠呦呦展示获得的奖章。（新华社记者叶平凡摄）

中医班第三期"。这些学习为她后来参与抗疟药的研究并从中药中寻找抗疟药奠定了基础。

20世纪60年代，在氯喹抗疟失效、人类饱受疟疾之害的情况下，在中医研究院中药研究所任研究实习员的屠呦呦于1969年接受了国家疟疾防治项目"523"办公室艰巨的抗疟研究任务。屠呦呦担任中药抗疟组组长，从此与中药抗疟结下了不解之缘。

由于当时的科研设备比较陈旧，科研水平也无法达到国际一流水平，不少人认为这个任务难以完成。只有屠呦呦坚定地说："没有行不行，只有肯不肯坚持。"

通过整理中医药典籍、走访名老中医，她汇集了640余种治疗疟疾的中药单秘验方。在青蒿提取物实验药效不稳定的情况下，

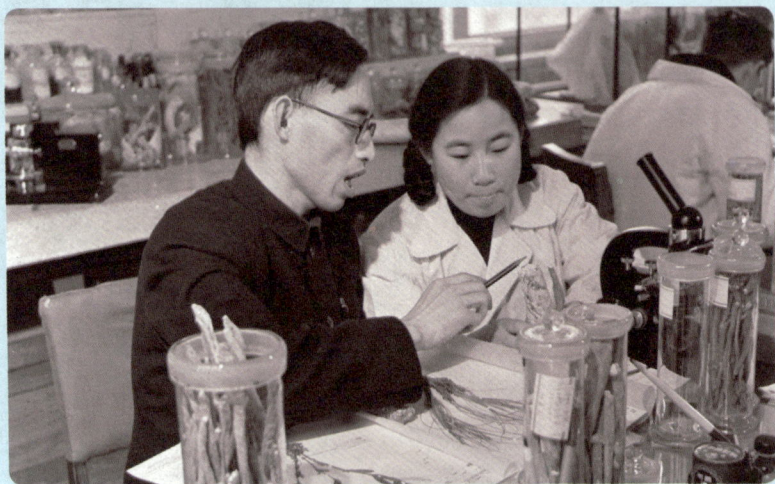

20世纪50年代，在中医研究院中药研究所任研究实习员的屠呦呦（前右）与老师楼之岑一起研究中药。（新华社发）

出自东晋葛洪《肘后备急方》中对青蒿截疟的记载——"青蒿一握，以水二升渍，绞取汁，尽服之。"给了屠呦呦新的灵感。

通过改用低沸点溶剂的提取方法，富集了青蒿的抗疟组分，屠呦呦团队最终于 1972 年发现了青蒿素。

❖ 淡泊名利一心只为科研 ❖

每当谈起青蒿素的研究成果，屠呦呦总是会说："研究成功是当年团队集体攻关的结果。"而鲜为人知的是，起步时的屠呦呦团队只有屠呦呦和两名从事化学工作的科研人员，后来才逐步发展成为化学、药理、生药和制剂的多学科团队。

中国中医科学院首席研究员、青蒿素研究中心学术委员会主任姜廷良说："对青蒿素作用机理的研究，需要'大协作'思维。"在这样的思路下，屠呦呦的团队结构发生了变化。

目前，屠呦呦团队共 30 多人，这些研究人员并不局限于化学领域，而拓展到药理、生物医药研究等多个学科，形成多学科协作的研究模式。屠呦呦介绍，未来青蒿素的抗疟机理将是她和科研团队的攻关重点。

"在对青蒿素抗疟机理研究方面，我们目前正在深入探讨'多靶点学说'，并已取得一定研究进展。"中国中医科学院研究员、青蒿素研究中心学术委员会副主任廖福龙说，"青蒿中除青蒿素以外的某些成分虽然没有抗疟作用，但却能促进青蒿素的抗疟效果。"

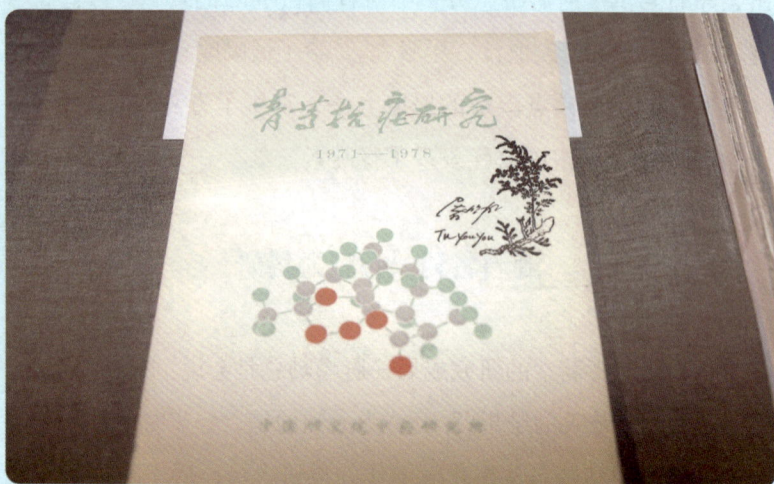

图为 2015 年 12 月 6 日在瑞典斯德哥尔摩诺贝尔博物馆拍摄的屠呦呦签名的《青蒿抗疟研究（1971—1978）》。这本书汇集屠呦呦团队早期抗疟研究的成果，记载了青蒿素发现的过程。（新华社记者叶平凡摄）

　　不仅如此，科研人员在对双氢青蒿素的深入研究中，发现了该物质针对红斑狼疮的独特效果。屠呦呦介绍，根据现有临床探索，青蒿素对盘状红斑狼疮和系统性红斑狼疮有明显疗效。

　　据中国中医科学院中药研究所透露，"双氢青蒿素治疗红斑狼疮"已获国家食品药品监督管理总局批复同意开展临床试验。这也是双氢青蒿素被批准为一类新药后，首次申请增加新适应症。

屠呦呦在工作中。（新华社发）

屠呦呦、青蒿和抗疟疾成药。（拼版资料照片，新华社发）

❆ 永不止步：未来青蒿素依然是抗疟首选药物 ❆

世界卫生组织发布的《2018年世界疟疾报告》显示，全球疟疾防治进展陷入停滞。多项研究表明，在大湄公河次区域等地区，出现不同程度的对青蒿素联合疗法的抗药现象。

2019年4月25日，第12个世界疟疾日，中国中医科学院青蒿素研究中心和中药研究所的科学家们在国际权威期刊《新英格兰医学杂志（NEJM）》提出了"青蒿素抗药性"的合理应对方案。

屠呦呦团队提出，面对"青蒿素抗药性"现象，延长用药时间，疟疾患者还是能够被治愈。除此之外，现有的"青蒿素抗药性"现象在不少情况下其实是青蒿素联合疗法中的辅助药物发生了抗药性。针对这种情况，更换联合疗法中的辅助药物，就会取得更好的效果。

屠呦呦说，青蒿素价格低廉，每个疗程仅需几美元，适用于疫区集中的非洲广大贫困地区人群。因此研发廉价青蒿素联合疗法对实现全球消灭疟疾的目标意义非凡。

"中国医药学是一个伟大宝库，青蒿素正是从这一宝库中发掘出来的。未来我们要把青蒿素研发做透，把论文变成药，让药治得了病，让青蒿素更好地造福人类。"屠呦呦说。

参考文献

黄筱：《屠呦呦：青蒿素是中医药献给世界的礼物》，新华社，2021年5月31日。

科学家名言

科学要实事求是。药物的关键是疗效，我们现在要做的，就是把论文变成药，让药治得了病，让青蒿素更好地造福人类。我们不是为了得奖而得奖，也不是得了奖就完了，既然已经开始研究，就要拿出更多更实际的成果。

——屠呦呦

大科学家小故事

青蒿素的发现过程

呦呦鹿鸣，食野之蒿。《诗经》古老的诗句，仿佛冥冥中已注定屠呦呦与青蒿素的不解之缘。青蒿这一不起眼儿的菊科植物，看似普通却藏有能拯救生命的巨大能量。

受喜爱读书的父亲影响，年幼的屠呦呦喜欢在书房翻看医书，对中草药有着浓厚的兴趣。16岁不幸患上肺结核休学两年的经历，让屠呦呦心中治病救人的梦想更加清晰。几年后，她如愿考入北京大学医学院（原名"北京医学院"）药学系，毕业后分配在中国中医研究院（后改名"中国中医科学院"）中药研究所工作。

1967年，中国启动旨在研究防治疟疾新药的"523"国家项目。全国60多家科研单位的500多名科研人员参加，屠呦呦临危受命，担任中药抗疟组组长。

当时科研设备陈旧、科研水平不高，不少人认为这个任务难以完成。屠呦呦铿锵有力地说："没有行不行，只有肯不肯坚持"，自此踏上寻药之路。她广泛收集历代医籍，查阅群众献方，请教老中医专家。仅用3个月的时间，就收集了2000多个方药，在此基础上精选了包含640个药方的《疟疾单秘验方集》。

在第一轮药物筛选与实验中，青蒿提取物对疟疾的抑制率不高，还不及胡椒有效果，研究一度陷入僵局。

"重新埋下头去，看医书！"屠呦呦的坚持带动着大家，厚厚的医书被翻得书角卷起。

东晋医书《肘后备急方》中治寒热诸疟的药方进入了屠呦呦的视线："青蒿一握，以水二升渍，绞取汁，尽服之。"屠呦呦陷入沉思，为什么古人用"绞取汁"，而非中药常用的煎熬法？

经过周密的思考，屠呦呦重新设计了研究方案，对青蒿设计了用低温提取，控制温度在60摄氏度以下，用水、醇、乙醚等多种溶剂分别提取，将茎秆与叶子分开提取等方案。

课题组夜以继日地研究，终于在1971年第191次低沸点实验中发现了抗疟效果100%的青蒿提取物，并在次年提炼出抗疟有效成分青蒿素。

2017年

王泽山

矢志报国的"火炸药王"

·1935.10 —·

·火炸药专家·

·含能材料专家·

·中国工程院院士·

·2017 年度国家最高科学技术奖获得者·

他潜心研究火炸药60余载，一不搞研究就会"犯瘾"，甚至年初三喊大家开会；经常会因为思考问题从正门进去，从后门直接出来；外出度假时和妻子的分工合作是妻子正常出去玩，他正常在房间工作；玩转智能应用，超强的接受新事物能力；69岁考驾照，而后自己开车十几载，可谓是一个朴实的"80后科研少壮派"。

他就是南京理工大学教授、中国工程院院士王泽山。

✢ 矢志报国，初心不改的"火炸药王" ✢

1935年10月，王泽山出生在吉林省吉林市，当时正值日寇侵占东三省，"不做亡国奴，就必须有强大的国防"，父亲说的话深深地影响着他，强大国防的种子在他心里扎了根。

伪满政府统治东北时期，他的邻居在晚上被警察抓去做劳工造设施，一去不回，更是让他意识到了，"没有国家，没有国防，那是什么滋味？你过的是被奴役的生活！"国家落后，必遭欺凌；强国必先强军，强军才能御侮。

1953年7月，抗美援朝的硝烟散尽，志愿军依靠落后的武器装备取得了胜利。这场战争深深触动了

1954年王泽山在哈尔滨军事工程学院读书期间的照片。（新华社发，南京理工大学供图）

王泽山，他深刻地意识到国防的重要性。1954年夏天，19岁的王泽山高中毕业，义无反顾地报考了哈尔滨军事工程学院，在他眼里"当兵也是为了国家要强"。

当大多数考生在蓝天大海的召唤下填写了与空军、海军相关的专业时，他却出人意料地选择了一个冷门专业——陆军系统的火炸药专业，他是众多考生里唯一选填陆军系统的火炸药专业、班上唯一自愿学习火炸药的学生。这个19岁的青年坚信：专业无所谓冷热，只要祖国需要，任何专业都一样可以光焰四射。从此，火炸药研究就成了他的毕生使命。

✤ 六十余载，创新超越的"三冠王" ✤

大学毕业后，他进入炮兵工程学院，承担推进剂的教学和研究任务，他跟着学校来到了武汉，两年后又再次辗转来到了南京，将兵营转化成实验室是他在南京做的第一件大事。

20世纪50年代计算机刚问世，他成了学校里面第一个使用计算机的人。3年的时间里，他将计算机技术、诺模图设计原理引入到了火药教学、科研和火药装药学体系中。

在科研上，他经常说的一句话，"别人没做的，我们做；别人做不到的，我们做"。

"他说能做成，还真能做成！"南京理工大学硕士生导师堵平在采访中说道。

1993年，王泽山获国家科技进步奖一等奖；1996年荣获国家技术发明奖一等奖；2016年荣获国家技术发明奖一等奖，他是为数不多的"三冠王"。

❖ 冠王之一——废弃火炸药的处理 ❖

王泽山及其团队创新废弃火炸药处理方法，使其"变废为宝"，这项成果于1993年获得了国家科技进步一等奖。

20世纪的和平年代，废弃火炸药的处理一直是各个军事大国每年例行的公务。火炸药的储备对一个国家的国防至关重要，每年都有上万吨的火炸药的产出，而火炸药的储存周期为15—20年，废弃的火炸药的处理是各国面临的难题，如果处理不当，会引起重大事故和严重的危害。

当时各国采用的处理方法有三种：公海倾倒法，深土掩埋法

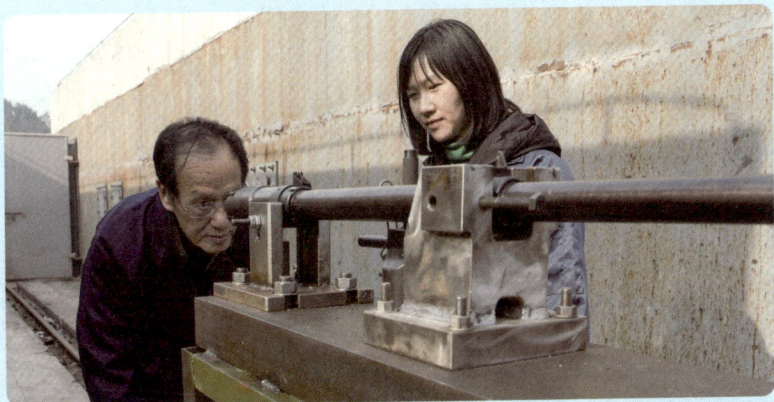

2017年12月27日，王泽山院士（左）在南京理工大学汤山科研试验中心向科研人员了解试验情况。（新华社记者李博摄）

和露天燃烧、炉中焚烧、爆炸法。由于前两种处理方法没有将危险性消除，在 20 世纪 70 年代中期后被停止使用，然而最后一种方法也会产生污染。

在王泽山看来："制造弹药的初衷是为了保家卫国、打击敌人，但是如果这个问题解决不彻底，最后反而成了自己的危险源，就像身边存在着一座火山一样，一旦喷爆，将一发不可收拾。"带着这样的信念他开始了对废弃火炸药的处理研究。

1985—1990 年，王泽山潜心研究，攻克了废弃火炸药再利用的多项关键技术，将废弃的火炸药变废为宝，转化为军用、民用产品，让火炸药的产出和废弃有了循环利用的过程，带来了巨大的效益。

❖ 冠王之二——低温度感度发射装药 ❖

王泽山带领团队发明了"低温度感度发射装药"，减少不同地区温度变化带来的影响，使武器装备性能得到跨越式提升，荣获1996 年国家技术发明奖一等奖。

创新超越是王泽山一直以来都在践行的准则。在他眼里"用科学研究科学"，一个课题的结束代表着另一个课题的开展。1990年，王泽山向"低温感含能材料"这一难题发出了挑战。

我国地域辽阔，同一时间各个地区的温度各不相同，温度的差异对军械性能的发挥程度有重大的影响，要怎么样才能使武器在低温和常温条件下使用时拥有和高温条件下相同的性能？

实际上，这是困扰国际军械行业长达百年的难题，一直以来都没有得到很好的解决，因为这与自然规律有着极大的冲突。

为了解决这一难题，王泽山和他的团队在一次次的尝试中突破了层层障碍，终于构建了火药燃速和燃面的等效关系，用物理系统解决了这一问题。同时，他发现了能够弥补温度影响的新材料，解决了在贮存过程中因温度对火药影响的问题，让我国的火炸药性能得到了质的提升。

在冬天习惯不穿棉大衣的他还开玩笑说："低温感，人就是低温感。"

"低温度感度发射装药与工艺技术"成果让他荣获了1996年唯一一项国家技术发明奖一等奖。此时的他61岁，已经过了花甲之年，常人眼里应该是含饴弄孙之际，而他却仍旧投身科研，极大的创新能力和好奇心促使着他在科学的道路上越走越远。

2016年10月21日，在南京理工大学，王泽山院士（左）指导在读博士季丹丹进行三维视频显微镜实验。（新华社记者季春鹏摄）

❖ 冠王之三——全等式模块装药技术 ❖

王泽山带领团队攻克全等式模块装药技术，使我国火炮的射程提高了 20%，该技术获得 2016 年度国家科技进步一等奖。

20 世纪 90 年代，他开始了火药关键难题"全等式模块化装药"的研究。这一难题极具挑战性，也是国外一直未能突破的技术。火炮曾在军械中被誉为"战争之神"，在迄今为止的远程战斗和精准打击中扮演着举足轻重的角色。

提高火炮的射程，是世界军械领域的一大难题。王泽山说："目前各国火炮使用的主要是两种单元模块组合的双模块装药。通常情况下，为了满足火炮远近不同的射程要求，模块装药在发射前需要在不同的单元模块间进行更换，如此操作既烦琐又费时。"因此，对于同一模块的模块数量的不同组合达到目标距离远近的打击，是各个国家火炮发射上试图攻克的关键技术。

完成这样一项技术无疑是一项世界级的突破，然而这项技术的研发困难重重。美、英、法、德、意这五个国家是军事研究的佼佼者，他们各个国家的科学家曾经联合开展了 155 火炮等模块装药研究，资金消耗巨大，时间长达多年，最终因为突破不了技术的瓶颈而中断。而为了提高火炮的射程，国际上一般采用延伸炮管长度和增大火炮膛压两种技术方法，但是这两种技术都有避免不了的弊端。

于是，王泽山开始了一次次的探索和计算，他另辟蹊径创立了装药新技术和相应的弹道理论，通过提高对火药能量的有效利用率来提升火炮的射程，即调节火炸药在药室中的爆炸燃烧状态来实现射程的调节。

这一技术的问世让我国火炮射程提高了20%！

2017年1月9日，在北京召开的2016年度国家科学技术奖励大会上，82岁的王泽山在20年后再次站到了国家技术发明一等奖的领奖台上，他成为国内为数不多的"三冠王"。2018年1月8日，王泽山获得了国家最高科学技术奖。

而刚领完奖，这个已入耄耋之年的老教授又向着新目标开启了挑战，"无烟火药出现100多年来一直没有解决无溶剂制造工艺的难题，我们正计划用一种颠覆性发明取代现有的技术"。

60余载的光阴，他献身火药，为了国防的强大，为了国家，一辈子只做了一件事。他说："自己这一辈子，除了还能做火炸药

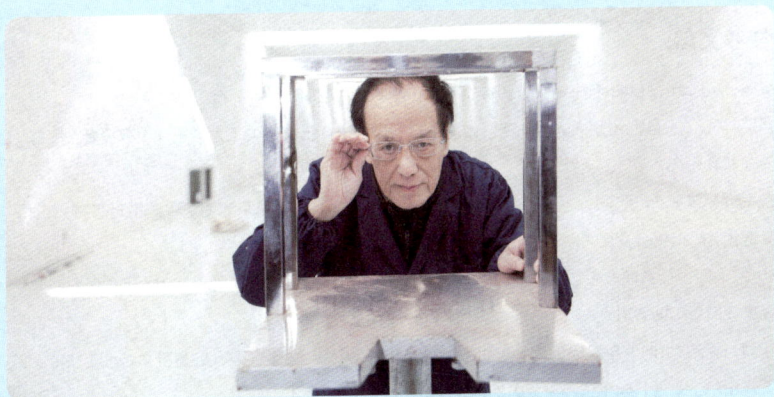

2017年12月27日，王泽山院士在南京理工大学汤山科研试验中心靶场。（新华社记者金立旺摄）

2017 年 12 月 27 日，王泽山院士在南京理工大学汤山科研试验中心介绍爆炸试验。（新华社记者李博摄）

研究这一件事，别的都不擅长，我的生活已经跟科研分不开了，一旦离开，就会感觉自己好像失去了生活的重心。"

参考文献

张晔：《王泽山：六十年书写火炸药传奇》，《智慧中国》，2018 年第 1 期。

周荣华：《"只要能给别人光明，我愿做那执灯的人"——记南京理工大学王泽山教授》，《高等工程教育研究》，1997 年第 3 期。

凌军辉，朱筱：《国家最高科学技术奖得主王泽山：让火药重焕荣光的"中国诺贝尔"》，《创新时代》，2018 年第 2 期。

杨戈：《国家任务使命必达——记 2017 年度国家最高科学技术奖获得者王泽山》，《中国科技奖励》，2018 年第 2 期。

李莉，杨洁：《向北望星提剑立　一生常为国家忧——记 2017 年度国家最高科学技术奖获得者王泽山院士》，《科学中国人》，2018 年第 2 期。

科学家名言

> 对真理的追求，强军报国的愿望成为支撑我工作的动力。
>
> ——王泽山

大科学家小故事

科研很"拼命"，生活很"将就"

火炸药研究经常要选择极端条件去户外做试验，高温酷热、低温极寒是常有之事。但王泽山每次试验都要亲临一线，就在获国家最高科学技术奖前的 2018 年 1 月，王泽山还两度前往沙漠做试验。

"一次他带着我们做实验，零下 27 摄氏度，数据采集仪器都不工作了，他却坚持了一周，每天工作 10 多个小时。"在王泽山团队成员堵平研究员看来，王老搞科研的劲头之大，很多年轻人都赶不上。

科研上如此"拼命"，生活上却很"将就"。到北京开会出差，王泽山爱住在一家科研单位的地下室招待所。虽然上厕所、洗澡都要跑老远，他却甘之如饴，"最大的好处是没有人打扰，可以安安静静想事情"。

在王泽山的办公室和家里，储存了不少方便食品，这经常就是他的一日三餐。"我对生活没什么要求，能吃到饭就很好了。"王泽山说。

周围人都知道，王院士最怕"麻烦"。参加学术会议，他总是开完会就走，不参加会后聚餐；出差也不用秘书或其他人陪，基本都是一个人。一次他被邀请参加活动，由于穿得普通，又是一个人，现场工作人员拦住问他"你是司机？"

"怕麻烦"的王泽山却从不麻烦别人。按规定，院士可以配车。但几十年来，他出门从不向学校要车，也不要其他人送，交通问题都自己解决。

侯云德

撑起防传染病的"天网"

· 1929.7 — ·

· 医学病毒学专家 ·

· 中国工程院院士 ·

· 2017 年度国家最高科学技术奖获得者 ·

2009 年，新型甲型（H1N1）流感在墨西哥与美国被发现，并迅速席卷全球。在得到流感病毒毒株后，他带领研究团队迅速建立了快速灵敏的甲型 H1N1 流感病毒检测方法。

这是人类历史上第一次对流感大流行传播过程的主动阻断。同时，在这次流感大流行中，我国也是全世界研发用时最短、疫苗上市最快的国家，比美国等发达国家提早了数月。

耄耋之年，他仍然镇守在我国传染病健康防线的最前沿，六十年如一日。这位默默守护在 14 亿人背后的老人，正是侯云德院士——我国现代传染病综合防控技术体系的主要奠基人。

"如果把病毒比作危害人类健康的地狱魔鬼，那他就是当代人间降魔捉鬼的活钟馗！"中国疾病预防控制中心病毒病预防控制所党委书记、研究员武桂珍说。

❖ 开启病毒学研究生涯 ❖

1929 年 7 月，侯云德出生于江苏武进（今江苏常州）的一个富裕家庭。卢沟桥事变爆发后，他随家逃难至苏北，家道中落。10 岁开始从事家庭副业，摆过摊，捕过鱼，养过鸡，靠半工半读上学。贫苦的生活培育了他吃苦耐劳、不怕困难的品格。生活没有磨灭他的锋芒，在求学路上，侯云德始终勤勉奋进，小学毕业，他以全校第一名的成绩步入初中，因表现优异直接跳读初二。

1945 年，侯云德考入当时全国有名的省立常州中学。高考时，受大哥侯钰德一位医生朋友的影响，他选择了医学专业，并考入了当时中国顶尖医学学府——
同济大学医学院，誓要把医学难题
琢磨透彻。7年的学习为他打下扎
实基础，并对医学病毒有了了解，
有了兴趣，更产生了疑问。

1955 年大学毕业后，侯云德被
分配到北京中央卫生研究院微生物
系病毒室，开启了他的病毒学研究
生涯。

1956 年，侯云德经过统考以优
良成绩被录取为留苏预备生。随后
一年进入北京俄语学院留苏预备部

留学期间的侯云德院士。
（新华社资料照片）

学习。1958—1962 年，侯云德前往苏联医学院伊凡诺伊夫斯基病
毒学研究所攻读副博士学位（相当于国内的硕士研究生）。

彼时的新中国成立不久，国内的病毒学研究仍属初创阶段，
每年数十万的同胞因麻疹、脊髓灰质炎、流行性乙型脑炎等病毒
性疾病而失去生命。

"国家信任我，提供条件让我学习，我当尽自己最大努力回报
祖国。"在留学期间，侯云德曾以学术论文的高产而名扬莫斯科学
术界。由于频频发稿，苏联《病毒学杂志》编辑特意造访研究所，
"侯云德是哪位？他怎么会发表这么多论文？"这位沉默寡言的中
国留学生在三年半的时间里，连发 17 篇高水平论文，第一次进入
了国际学术界的视野。

留苏期间，侯云德在国际上首次发现仙台病毒可导致单层细胞融合现象并阐明其机理，阐明了仙台病毒的溶血性与细胞融合性是由病毒的同一特性引起的，继而建立了一种病毒溶血抑制试验，用以研究具有溶血活性病毒的抗原关系。

仙台病毒的探索性发现，标志着这位中国留学生在病毒学领域崭露头角。正是在侯云德细胞融合技术的研究基础上，英国科学家 Milstein 和 Kohler 在 1975 年发明了单克隆抗体制备技术，并由此获得 1984 年诺贝尔医学奖。

鉴于他在科研上的开创性成就，苏联教育部首次破例，为其越过副博士学位，于 1962 直接授予侯云德博士学位。

侯云德的导师曾说："侯云德是我从事科研工作 30 年来遇到的最优秀的科学家，这不仅是我的骄傲，更是病毒所的骄傲。"

❖ 推动国产药代替进口药 ❖

1962 年，侯云德学成归国，在黄祯祥院士的支持下开展呼吸道病毒感染的病原学研究，在国内首次分离出 I、III、IV 型三种副流感病毒，首先发现了 I 型副流感病毒中存在着广泛的变异性。

他并不满足于已取得的成绩，他认为，重要的问题不在于"认识世界"，更在于要"改造世界"，应当设法解决全国数以亿计的病毒病患者的痛苦。他由基础研究转向了抗病毒药物研究，并选择人体的自然抗病毒物质——干扰素，作为治疗病毒病的突破口。

由于 20 世纪 70 年代的临床及人体白细胞干扰素由人血制备，

需 8000 毫升血才能制备 1 毫克干扰素，因此价格极为昂贵。我国尚不具备任何一种干扰素药物的研发能力。进口干扰素价格高昂，一支两百五十分之一毫克的干扰素，成本便要 100 多元。

泱泱十几亿国民，绝大多数人生病之后，竟然只能选择见效慢、风险高的治疗方式。

"中国人必须要有自己的干扰素！"

侯云德转战疆场，毅然投身于干扰素的制备研究中。从 1977 年萌生利用基因工程大量制备干扰素的想法，到 1982 年成功研发出重组人 α-1b 型干扰素，侯云德仅用 5 年时间，便完成了从无到有的突破，并且效果远超国外同类产品。

这是中国人自主研发的第一支干扰素，在数不清的实验与失败后终于诞生。随后的十年里，侯云德带领团队利用基因工程技术先后研制出 8 种基因药物。

然而，"心急"的侯云德对于国际瞩目的研究成果并不满足，他指着抽屉里满满的干扰素论文感慨道："咱们国家现在还缺医少药，好药靠进口，这些论文要是能赶紧变成药让老百姓用上，那该多好啊！"

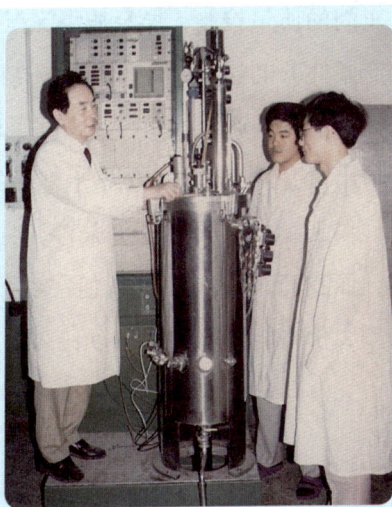

20 世纪 90 年代，侯云德院士（左）在实验室工作。（新华社资料照片）

2017 年 12 月 27 日，侯云德院士在办公室查阅资料。（新华社记者张玉薇摄）

1992 年，为了加快从技术到产品的转化，侯云德毅然转身成为工程师，亲自上阵主持新药研发，从地下室里的中试生产到生产车间的质量控制，侯云德事无巨细，一一过问，即使在落后的生产条件下也要坚持符合国际最高标准。

目前，国产干扰素已经占据了国内 90% 以上的市场，并每年大量出口海外，为国家创造上亿元的外汇价值。

侯云德的"野心"仍未停止："虽然国外的干扰素 300 元一支，而我们的只要 30 元，但在乡下也不是人人都能用得起的。我希望，价格能够争取到 20 元一支，要让所有人都用得起。"

❄ 建立国际领先的传染病防控体系 ❄

自 20 世纪以来，全球共暴发过 6 次流感大流行，其中以最早的"西班牙流感"最为骇人。"西班牙流感"致死人数超过 5000 万，约是"一战"中死亡人数的 3 倍以上，堪称人类近代史上最大的传染病灾难。

在此后的多次全球流感大流行中，人类始终无法对流感病毒的传播过程进行主动干预，只能通过被动研发疫苗进行抵抗。

2009 年，新型甲型（H1N1）流感在墨西哥与美国被发现，随后迅速蔓延至全球，世界卫生组织迅速发布最高等级的流感大流行警告。值此时刻，全人类科学家都在与病毒赛跑，早一天研制出疫苗，便能挽救数以万计的生命。

在得到流感病毒毒株后，侯云德带领研究团队不眠不休，经过 1000 余次筛选后，验证了与 17 种不同流感病毒亚型的交叉反应，建立了快速灵敏的甲型 H1N1 流感病毒检测方法；仅用 87 天就研制成功新甲流疫苗，打破了世界纪录；并首次证实新疫苗不加佐剂，仅需注射 1 剂，保护效果就达到 87.3%，推翻了当时世界卫生组织需要注射 2 剂的专家共识。

如此高效迅速的病毒攻坚战，与侯云德在这场战役中的指挥有着莫大的关系。病原体快速鉴定、五大症候群监测、建立网络实验室……这一套重大突发疫情防控思想体系，正是侯云德在"非典"战役后痛定思痛、五年探索的成果积淀。

H1N1 甲流战役结束后，侯云德主导建立了覆盖我国所有省份的"应对新发突发传染病的综合防控网络体系"，实现了 72 小时对五大症候群 300 余病原体的快速确认，在一周内确定未知病原，切实提高了我国新发突发传染病防控能力，推动我国传染病防控事业和能力进入了新时代。

2013年，我国率先确认H7N9禽流感疫情，并于4天内成功分离并锁定病毒。

2014年，西非埃博拉肆虐，数十万人丧生。我国派出传染病防控队伍前往塞拉利昂，确保零感染、零输入，实现传染病防控的关口前移。

2015年，一名韩国中东呼吸综合征（MERS）冠状病毒感染者入境。我国监测网络快速发现、确诊、隔离，并发声"疫情不会在中国蔓延"。

如今侯云德已过耄耋之年，他仍然在为防病毒事业殚精竭虑，他曾赋诗以明志："双鬓添白发，我心情切切。愿将此一生，贡献四化业"。

2017年12月27日，侯云德院士（前左）在实验室与学生交流。（新华社记者张玉薇摄）

1990 年，在国内一片空白、专业跨度极广的分子病毒学领域，他埋头独自编写了 105 万字的《分子病毒学》，系统地介绍了医学病毒学、兽医病毒学、昆虫病毒学、植物病毒学和噬菌体学的主要成就，是我国病毒学界最为全面系统的一部分子病毒学专著。

2001 年起，他亲自收集全球最新科研成果资料，编制生物信息数据库，截至目前已有 555 期，达数百万字，提供给相关科研人员参考，为我国传染病控制、新药和新型疫苗的研发提供了最及时、最前沿的科技信息。

对于学生的科研创新，侯云德从来不吝支持。他所培养的 200 多名博士、硕士研究生，如今不少人已经成为传染病领域、病毒领域的杰出学者。

而侯云德仍然沉默着，伫立在世人目光看不到的地方，看守着病毒地狱的大门。

参考文献

杨舒：《阻击传染病战场上的一线"老将军"——记 2017 年度国家最高科学技术奖获得者侯云德》，《光明日报》，2018 年 1 月 9 日。

冯华：《侯云德：不给病毒可乘之机》，《人民日报》，2018 年 1 月 9 日。

常理：《传染病防线的捍卫者》，《经济日报》，2018 年 1 月 9 日。

项铮：《侯云德：建立阻击传染病的防线》，《科技日报》，2016 年 9 月 19 日。

张磊：《侯云德：愿将此一生，贡献四化业》，《健康报》，2018 年 1 月 10 日。

余晓洁：《病毒斗士侯云德院士：与病毒"斗"一辈子》《人民日报（海外版）》，2018 年 1 月 8 日。

赵玲：《鏖战病毒疆场 甲子春秋何妨——记 2017 年度国家最高科学技术奖获得者侯云德》，《中国科技奖励》，2018 年第 2 期。

名词解释

仙台病毒是乙型副流感病毒的一种，最早在日本仙台一实验室里被分离出来，故而得名。1958 年，日本学者冈田发现仙台病毒具有触发动物细胞融合的效应。几乎在同一时期，侯云德在 1961 年有了同样的发现，并阐明了机理。

科学家名言

吐尽腹中丝，愿作春蚕卒；只为他人暖，非为自安息。

——侯云德《决心》

大科学家小故事

一战成名，发现仙台病毒新特性

鉴于论文的学术成就，苏联高等教育部破例直接授予侯云德博士学位，这是伊凡诺夫斯基病毒学研究所前所未有的大新闻。

时光回溯到 1958 年，29 岁的侯云德是苏联医学科学院伊凡诺夫斯基病毒学研究所的一名留学生。他在导师戈尔布诺娃教授的指导下，研究副流感病毒。

"当时学细菌的人比较多，而病毒学是新兴专业，是国际上的前沿学科，国内还没有专门的病毒所，只是在微生物系里设病毒室。另外，相对于细菌而言，病毒更难控制。"侯云德回忆道。

当时，研究所里发生了一件奇怪的事。动物房里的小白鼠一下子全死光了，而原因不明。查找"真凶"的任务落在了侯云德身上。导致小白鼠死亡的病原微生物是细菌还是病毒？如果是病毒，会是哪个？

通过层层抽丝剥茧，侯云德将仙台病毒列为重点怀疑对象。幸运的是，后来他成功从细胞里分离出了仙台病毒。不止于此，通过深入研究，他还首次证明仙台病毒对人有致病性，发现了仙台病毒可使单层细胞发生融合的现象，并阐明了机理。

2018 年

刘永坦

为祖国海疆装上"千里眼"

·1936.12 —·

·雷达与信号处理技术专家·

·中国科学院院士·

·中国工程院院士·

·2018 年度国家最高科学技术奖获得者·

掌声，雷鸣般的掌声；目光，无数的目光。人民大会堂，2018 年度国家科技奖励大会的现场。

年过八旬的刘永坦对这样的领奖台并不陌生，他曾在 1991 年和 2015 年两获国家科技进步奖一等奖。不过，当站上 2018 年度最高科学技术奖的领奖台、成为全场焦点时，观众对他却是陌生的。

没有多少公众知道他，过去 40 年，他的周围始终是宁静的。40 年中，他坚持自主研发新体制雷达，打破国外技术垄断，为我国海域监控面积的全覆盖提供技术手段，带出一支"雷达铁军"……

❖ 对标国际提出研制新体制雷达 ❖

1936 年 12 月，刘永坦出生在南京。第二年，发生了惨绝人寰的南京大屠杀。南京、武汉、宜昌、重庆……刘永坦回忆说，他的童年被颠沛流离的逃难所充斥，让他从小就对国家兴亡有着深刻理解。

"永坦"是家人对他的祝愿，更代表着国人对国家的期许。刘永坦坚信，科技可以兴国，他一定要实现这个最朴素的愿望。

1953 年，刘永坦以优异的成绩考入了哈尔滨工业大学，大三时，他作为预备师资到清华大学进修，开始接触无线电技术，返回哈工大后组建了无线电工程系。

1978 年，破格晋升为副教授的刘永坦作为国家外派留学生，到英国伯明翰大学深造。"我是一名中国人，我的成功与否代表着中国新一代知识分子的形象。"踏出国门的一刻，他发誓要做出一番名堂。

伯明翰大学电子工程系拥有丰富的文献资料和先进的试验设备，那里聚集着一大批雷达技术的知名专家和学者，刘永坦的导师谢尔曼便是其中之一。

那时，谢尔曼正主持一项重大科研项目"民用海态遥感信号处理机"的研制工作。在谢尔曼的指导下，刘永坦参与到项目中，并独自完成了其中的信号处理机工程系统，谢尔曼评价为"是一个最有实用价值、工程上很完善的设备""贡献是具有独创性的"。这段经历给了刘永坦很大的启发，让他对雷达有了新的认识。

俗称"千里眼"的雷达，在航天、航海、渔业、沿海石油开发、海洋气候预报、海岸经济区发展等领域都有着重要作用。但在对海探测上，传统雷达其实有愧于该称号，许多东西"看"不到。当时，国内对雷达的认识大都停留在微波雷达的阶段。微波是直线传播，所以微波雷达"站得高才能看得远"。为了看得远，雷达一般架在海岸山上，但1000多米高山上的雷达，最远能看100公里左右的海域。另一种办法是把雷达架在船上，但桅杆再高毕竟也有限，这种方法最多只能看到20—30公里远。

"那时候西方几个大国都在致力于研制能够'看'得更广更清的雷达。"刘永坦说，"雷达看多远，国防安全就能保多远。这样的雷达别的国家已经在研制，中国决不能落下，这就是我要做的事。"

1981年秋，毅然回国的刘永坦带回了一个宏愿——开创中国的新体制雷达之路。他说，在国外，无论做多少工作，取得多大成就，都是给别人干活。只有回到祖国，才是真正的归属。

❖ 国家需要就是奋斗方向 ❖

1981 年结束进修回到哈尔滨工业大学的刘永坦，发动身边的人与他一起干。很多人心里没底，只有刘永坦信心十足："根据我们现在计算机发展的趋势和我们掌握的技术，只要努力，我认为完全能实现。"但紧接着的一句话就不那么鼓舞人心了："肯定也很艰苦，因为前人没做过。"

是的，不仅国内空白，当时国外一些国家也想研制新体制雷达，但没人做到过。一切都是零，没有先例可循。这意味着研究风险很大，可能要干很长一段时间，甚至是一辈子，而且还不一定能干得成。

刘永坦一个一个地找人谈，最终组成了 6 个人的攻关团队，但这并未打消别人的质疑：这个雷达能行吗？能解决别的雷达解决不了的问题吗？申请课题时，有人问：这个美国有没有做过，英国有没有做过？一些专家友好地提醒刘永坦："外国都没有人做过，你凭自己的理论认为就可以？"劝他放弃。

这种艰难困阻在刘永坦的意料之中，他泰然处之，继续"往前拱"。他说："这项技术我们如果不去研究掌握，等别的国家发展好了，我们再去跟，那肯定是要落后的。"

而且他相信科学，相信自己的判断，相信计算机技术的发展及其对信号处理技术的推动，能带来雷达技术的进步。他相信这件事一定能干成！刘永坦将此称为"信念"，一种对科学的坚守。

"如果理论上可行，我就一定要往前拱，如果理论上不行，往前拱也没用啊。"

这注定是一场填补国内空白、从零起步的攻坚战。经过刘永坦的不懈努力，新体制雷达研制项目获得了航天工业部经费支持，得以立项。刘永坦立即组织团队拟定出了一份20多万字的《新体制雷达的总体方案论证报告》。

接下来的战斗更加艰苦卓绝。除了基本思路外，刘永坦根本找不到多少资料，一切从零开始……新体制雷达很难，难点在于抗干扰。刘永坦要做的新体制雷达，摒弃直线传播的微波，选择一种可以绕着走、可以拐弯的表面波，这种波沿着海平面传播，但带来一个新问题——杂波干扰太厉害。这些来自海浪、无线电、电离层的干扰，其信号强度比要探测的目标强100万倍以上。"这要求我们发射出去的信号必须非常单纯，还要有很好的信号处理技术，能把微弱的反射信号从杂波中提取出来，形成我们需要的参数，比如速度、距离等。"刘永坦说。

他们在荒无人烟的试验现场埋头苦干。这确实是一项充满未知的研究，不仅前途未知，而且工作本身也不可让人知。这是一场从零起步的持久战，不知胜负与"停战"日期的持久战。经过

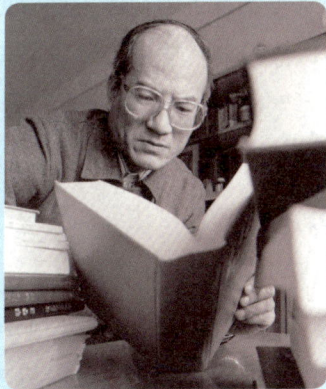

刘永坦在查阅资料。（1994年3月14日发，新华社记者周确摄）

800 多个日夜、数千次实验以及数万个测试数据的获取，他们系统地突破了海杂波背景目标检测、远距离探测信号及系统模型设计等基础理论，创建了完备的新体制理论体系，并于 1989 年建成了中国第一个新体制雷达站，成功研制出我国第一部对海新体制实验雷达。

1990 年 4 月 3 日，刘永坦团队首次完成了我国对海面舰船目标的远距离探测实验，标志着新体制雷达技术实现了我国对海探测技术的重大突破。此时，刘永坦团队从当初的 6 人攻关课题组发展成了几十人的研究所。

❄ "这个事情没完，还得往前走！" ❄

1991 年，新体制雷达研究成果荣获国家科技进步奖一等奖。刘永坦实现了当初的宏愿，也获得了至高的荣誉。很多人认为他可以停下来歇歇了："你们干到这个份儿上已经足够了。"

"这个事情没完，还得往前走！"刘永坦很坚决，他要让雷达更加实用。刘永坦不仅往前走，还要拉上更多人一块儿往前走。他认为，要使雷达更加实用，不能光靠自己干，还要联合国内的有生力量、优势力量。

2011 年，他们成功研制出我国具有全天时、全天候、远距离探测能力的新体制雷达，与国际最先进的同类雷达相比，系统规模更小、作用距离更远、精度更高、造价更低，总体性能达到国际先进水平，核心技术处于国际领先地位，标志着我国对海远距

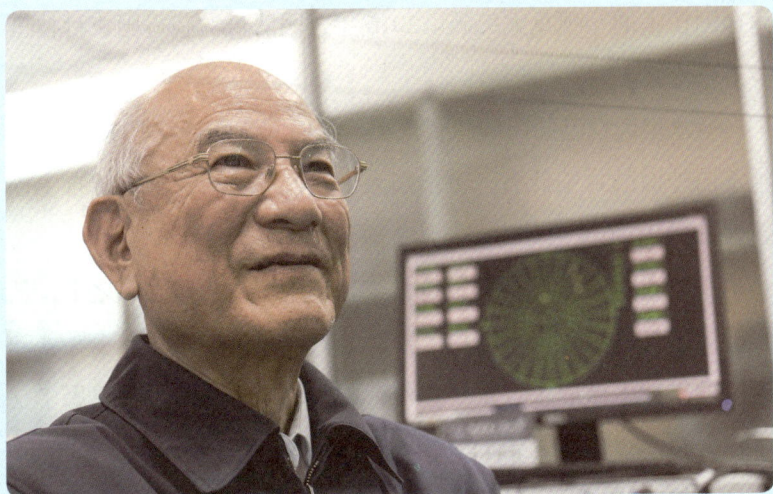

2018 年 12 月 25 日，刘永坦在哈尔滨工业大学实验室。（新华社记者王松摄）

2018 年 12 月 25 日，刘永坦（右二）在哈尔滨工业大学实验室钻研雷达技术。（新华社记者王松摄）

离探测技术的一项重大突破。2015 年，团队再次获得国家科技进步奖一等奖。

刘永坦为自己的团队感到自豪。"我们团队的特点就是不服输，绝不向外面的封锁低头，不怕别人卡我们脖子，往前走，自主创新。"这个团队被人称为"雷达铁军"。

及至获得国家最高科学技术奖，刘永坦自言"盛名之下，其实难副"，他说："我只是一名普通的教师和科技工作者，在党和国家的支持下做成了点事。这份荣誉不仅属于我个人，更属于这个伟大时代所有爱国奉献的知识分子。"

当然，刘永坦还是"没完"，持久战还未"停战"。他还想要新体制雷达小型化，更加广泛实用。他告诫自己，也告诫所有人："人家不会把关键技术给你。也许现在还有距离，但只要我们往前走，就一定行"。

刘永坦曾用猎豹如何追逐野兽，教学生怎么追踪目标信号。某种程度上，他自己就是一头猎豹：敏锐的目光，不歇的脚步，坚韧的品质，以及对家园领土神圣不可侵犯的守护之心。

这就是刘永坦，信念里藏着科学与家国，藏着理想与情怀。他守着信念，跟一切困难"没完"。

参考文献

陈海波：《"情怀与理想才是最重要的"》，《光明日报》，2019 年 1 月 9 日。

杨思琪，胡喆：《刘永坦："从 0 到 1"，他为祖国海疆雷达打造"火眼金睛"》，新华社，2019 年 1 月 8 日。

吴月辉：《为祖国海疆装上"千里眼"》，《人民日报》，2019 年 1 月 9 日。

科学家名言

　　我只是一名普通的教师和科技工作者，在党和国家的支持下，做成了点儿事。这事离开团队的力量是绝对无法做到的。荣获国家最高科学技术奖是一种无上的光荣，这份殊荣不仅属于我个人，更属于我们团队，属于这个伟大时代所有爱国奉献的知识分子。

——刘永坦

大科学家小故事

生逢乱世，唐诗宋词熏陶出家国情怀

　　幼时读史书、诵诗文，培养出刘永坦很强的求知欲和爱国心："我家是在南京大屠杀之前逃离的南京，如果晚一点我们都没了。"刘永坦淡然的冷幽默中饱含着对国家命运的深切关注。

　　1936年，刘永坦出生在南京一个温馨的书香门第。然而，生逢乱世，出生不到一年，他就随家人开始了颠沛流离的逃难生涯。饱受十多年流离之苦的刘永坦自懂事起就对国难深有体会。

"虽然那时候小，但那种苦深深印在脑海里。'死去元知万事空，但悲不见九州同。王师北定中原日，家祭无忘告乃翁'……我永远不会忘记在昏暗的菜油灯下做完作业，母亲用慈祥动人的声音诵读诗词和讲解家国大义时的激情。"刘永坦说，他很小的时候就在母亲的"监督"下读史书、诵诗文，培养出了很强的求知欲和爱国心。父亲常告诉他，科学可以救国，可以振兴中华。强国的梦想从小就在他心里深深扎下了根。这种在唐诗宋词里熏陶出的家国情怀，此后伴随他科研攻关一生。

钱七虎

铸就"地下钢铁长城"

· 1937.10 —·

·防护工程专家·

·中国工程院院士·

· 2018 年度国家最高科学技术奖获得者·

曾赴海外刻苦求学，曾赴核爆试验场试验，曾赴千米级深地下研究……他成就了毕生辉煌：解决核武器空中、触地、钻地爆炸和新型钻地弹侵彻爆炸若干工程防护关键技术难题，建立起我国现代防护工程理论体系，创立了防护工程学科，引领着防护工程科技创新，献身铸就我国固若金汤的"地下钢铁长城"事业。

他就是战略科学家钱七虎——2018 年度国家最高科学技术奖获得者，我国现代防护工程理论奠基人，中国工程院首届院士，中国人民解放军陆军工程大学教授。

❖ 峥嵘岁月矢志强军报国 ❖

1937 年，淞沪会战爆发，日本侵略者占领上海。血腥的战争逼迫邻近的江苏昆山人民流离失所。在那个风雨飘摇的年代，钱七虎在家人逃难途中出生。因家中排行老七，取名"七虎"。

新中国成立后，依靠政府的助学金，钱七虎完成了中学学业。在强烈的新旧社会对比下，他心中深深埋下了矢志报国的种子。

1954 年 8 月，钱七虎迈进了哈尔滨军事工程学院的大门，成为哈军工组建后招收的第三期学生。18 岁那年，他加入了中国共产党，从此开启了一心为党、忠贞报国的壮丽人生。

"当时防护工程专业选的人很少，因为要跟黄土铁铲打交道，但是我始终服从组织分配，让我学什么就学什么。"钱七虎说，大学 6 年他只回过一次家，年年都被评为优秀学员，是全年级唯一的全优毕业生。1960 年，钱七虎又被选派到莫斯科古比雪夫军事工程学院学习深造。1961 年，周恩来总理赴苏联参加苏共二十二大会议，其间周总理接见了中国留学生，并合影留念，勉励大家努力学习，回国后更好地建设新中国。钱七虎深受鼓舞。

1965 年，钱七虎学成回国。从那时起，为国家铸就坚不可摧的"地下钢铁长城"，就成了他毕生的事业追求。

"国家间的军事竞争就像两个武士格斗，一手拿矛、一手持盾，拼的是矛利盾坚。我军的战略方针是积极防御，不首先使用核武器。敌人先打了我们，我们要保存力量进行反击，靠什么？靠防护工程。"钱七虎归国后有一段时期，我国面临严峻的核武器

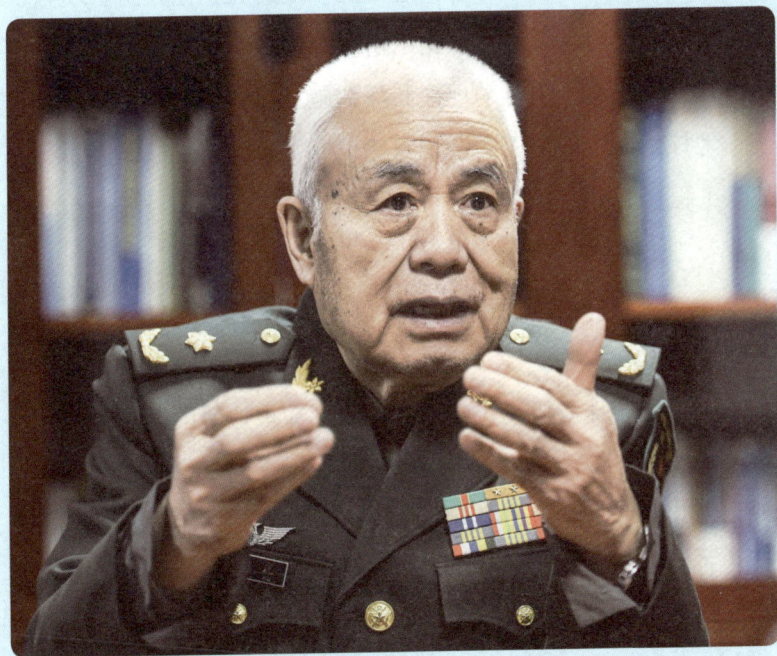

2018 年 12 月 27 日，钱七虎在办公室内接受采访。（新华社记者李博摄）

威胁，在他看来，防护工程是"地下钢铁长城"，也是国家安全的最后一道防线，他的使命就是为国铸造最强盾牌。

钱七虎在核空爆防护工程理论与设计方法领域进行开拓性研究，研制出国内第一套核爆炸压力模拟装置，设计出当时国内跨度最大、抗力最高的飞机洞库防护门，相关成果被编入国家规范。

20 世纪 80 年代以来，世界军事强国开始研制新型钻地弹、钻地核弹，动辄数十米的钻地深度和巨大的威力让人不寒而栗。为此，钱七虎创造性地提出建设深地下超高抗力防护工程的总体构想，并带领团队开始了艰难攻坚。

功夫不负有心人。经过长达十多年的研究，他和团队攻克了一个个难关，构建了破碎区受限内摩擦模型，研究了地冲击诱发工程性地震的不可逆运动规律和深部施工灾变孕育演化机理，为抗钻地核武器防护工程的设计与建设提供了理论依据，也为我国战略工程装上了"金钟罩"。

❖ 在炮台山创造世界爆破史上新纪录 ❖

1992 年，珠海机场扩建迫在眉睫，却被炮台山拦住去路。炸掉它，是最佳方案。

消息一出，咨询者一拨接一拨地涌入珠海，却又一波接一波都走了。这次爆破的难度实在太大：爆破总方量超过 1000 万立方米；要求一次性爆破成功；一半的土石方要被定向爆破抛入大海，另一半要松动破碎；必须确保 1000 米内两处村庄的安全……

一筹莫展之际，钱七虎带领团队七赴珠海，反复试验，最终设计出科学可靠的爆破方案。那一年的 12 月 28 日，1.2 万吨炸药在 38 秒内分 33 批精确起爆。

直到今天，被称为"亚洲第一爆"的炮台山爆破，仍保持世界最大爆炸当量的爆破纪录。

科技强军，为国铸盾。钱七虎始终放眼国际前沿，急国家之所需，制定了我国首部城市人防工程防护标准，提出并实现全国

2018 年 12 月 27 日，钱七虎（中）与团队成员在实验室内交流。（新华社记者李博摄）

各地地铁建设兼顾人防要求；2000 年，他参与撰写了我国第一部关于城市地下空间开发利用方面的专著《中国城市地下空间开发利用》。2004 年，他开创了城市地上地下空间一体化规划的理论体系和实践探索，先后组织编制了全国 20 多个重点设防城市的地下空间规划，有力促进了我国地下空间开发利用。他参与南水北调、西气东输、港珠澳大桥等重大工程的战略咨询，提出能源地下储备、核废物深地质处置、盾构机国产化等战略建议，多次赴现场解决关键性难题。

钱七虎一生获奖无数，其中一项格外特别：2010 年，南京市委、市政府授予他"南京长江隧道工程建设一等功臣"称号。

非常之奖，缘于非常之功。21 世纪初，钱七虎建议在长江上修建越江隧道。后来，南京长江隧道工程上马。这个工程是当时已建隧道中地质条件最复杂、技术难题最多和施工风险最大的，被称为"万里长江第一隧"。

而专家委员会主任的重担，落在了钱七虎肩上。设计单位提出采用"沉管法"的建设方案。但钱七虎调查发现，三峡等水利工程减少了长江下游泥沙含量，江底冲刷大于淤积，"沉管法"存在较大隐患。由他提议并经反复论证，盾构机开掘成为最终建设方案。

后来，钱七虎又攻克盾构机突发故障停工等一系列重大难题。2010 年 5 月，南京长江隧道全线通车运营。当年，这项工程获鲁班奖、国家科技进步奖等 10 多个奖项。

❖ 探秘深部岩体 ❖

很多人或许不知道，有一种学科叫作岩石力学。那是力学的一个分支，旨在研究岩石在不同物理环境中产生的各种力学效应。地震、大变形、岩爆等都是深部岩石力学所涉及、研究的内容。

20 世纪 80 年代初期，国外由于矿藏的深地下开采就已经涉及深部岩石力学问题，中国的研究晚了近 10 年。作为后来者，钱七虎带领团队奋起直追。他一次次深入地下 1000 多米，在气温近 40 摄氏度的湿热环境中实地考察，获取大量一手数据。

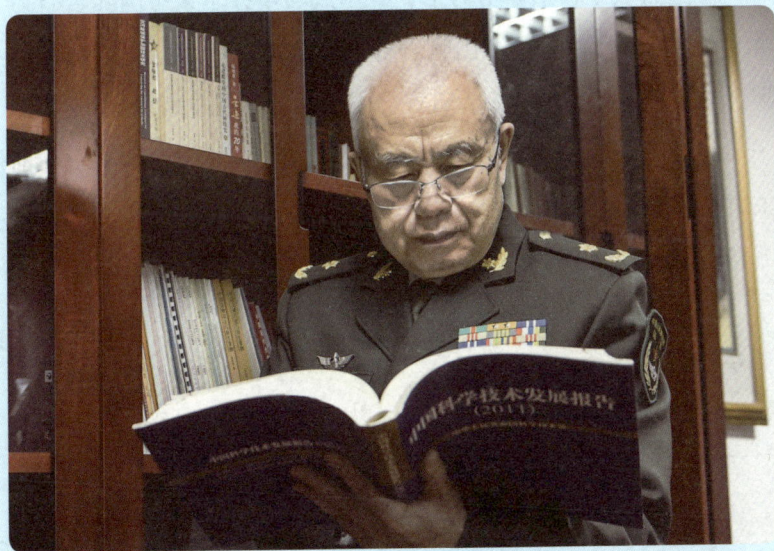

2018 年 12 月 27 日，钱七虎在办公室内阅读。（新华社记者李博摄）

钱七虎还组织研制我国首台深部岩体加卸荷实验装置，提出16项关键技术方案，解决困扰世界岩石力学界多年的数十项技术难题。他还出版和发表了《岩土中的冲击爆炸效应》等多部专著和论文，形成国际领先水平的深部岩石非线性力学理论体系。

俄罗斯科学院院士奥帕林称赞这些成果"具有创造性"。美国工程院院士费尔赫斯特表示："这是中国同行在发展岩石力学所起重大作用中一个令人钦佩的范例。"为此，钱七虎成为获得"国际岩石力学学会会士"的第一位中国科学家。

钱七虎认为，深部岩石力学学科的发展是由工程牵引的，而目前我国的大型深部岩石工程建设比较多，所以中国最有条件引领国际岩石力学发展。

在他的领导和不懈努力下，我国成功申办了素有国际岩石力学"奥林匹克"之称的"国际岩石力学大会"，当时国际岩石力学学会的9个专业委员会中，有5名中国学者担任主席。

对于中国在世界岩石工程领域的实力，国际岩石力学学会前主席哈德森教授这样评价："无论是理论岩石力学，还是地面、地下岩石工程方面，中国正在引领全世界。"

参考文献

张晔：《钱七虎：铸就共和国"地下钢铁长城"》，《科技日报》，2019年1月9日。

梅世雄，梅常伟，凌军辉：《钱七虎：铸就共和国"地下钢铁长城"》，新华社，2019年1月8日。

科学家名言

　　哪些事情对国家和人民有利，科学家的兴趣和爱好就要向哪些事情聚焦。一个人只有不忘初心、心怀感恩，把个人理想与党和国家的需要、民族的前途命运紧密联系在一起，才能有所成就。

——钱七虎

大科学家小故事

简朴与大方

　　2020年8月，钱七虎赴长沙出差，在候机室吃饭时，他注意到旁边一位乘客点的东西没有吃完，盘子里剩了一个包子，他马上提醒对方："咱们应该响应'光盘行动'的号召，吃不了的话，可以少拿一点嘛。"

　　作为拥有少将军衔的中国工程院院士，按规定，钱七虎出行可乘坐头等舱，但有时为了节省经费，他就让秘书订经济舱。他时常告诫随行人员：科研经费都是国家的钱，能省一点是一点！

　　生活中钱七虎过得简朴，但对捐资助学却非常大方。2020年新冠肺炎疫情暴发后，钱七虎立即向组织提出："国家奖励的奖金还剩下多少，全部捐给武汉！"他将650万元第一时间捐赠给武汉抗疫前线。至此，钱七虎将国家最高科学技术奖奖金及地方给予的配套奖励共1600万元全部捐出。

有人问他："您就没想着给家里哪怕留一点？"钱七虎说："因为我感觉到我吃、穿、用已经够了，我不需要再买什么豪华的别墅，过奢侈的生活。"

这份勤俭与慷慨，同钱七虎早年的成长环境分不开。钱七虎七岁丧父，家里兄弟姐妹多，因此生活条件十分艰苦。在他的记忆里，母亲是一个非常勤劳的人。"我们的衣服、鞋子都是她做的。从小母亲就教育我，不要只想着自己好，还要想到别人。"

1982年，已任中国人民解放军工程兵学院院长的钱七虎将母亲接到南京身边生活。一次，母亲提出想去夫子庙看看，钱七虎没有私家车，大家建议他借用学院的车，让老太太坐得舒服点，但被他坚决拒绝："公家的车，怎么能乱用！"最后，他找来一辆自行车，推着母亲逛完了夫子庙。

2019年

黄旭华

隐身 30 年的中国核潜艇先驱

· 1924.2 —·

·中国核潜艇之父·

·中国工程院院士·

·"共和国勋章"获得者·

· 2019 年度国家最高科学技术奖获得者·

国家的分量，在一个人心中能有多重？

重到可以为之远离家乡、荒岛求索，深藏功名三十载；重到从一穷二白中"头拱地、脚朝天，也要把核潜艇搞出来"；重到年过九旬仍不甘退休，誓要再干好多年……

2020 年 1 月 10 日，黄旭华，这位共和国的第一代核潜艇总设计师，从习近平总书记手中接过了 2019 年度国家最高科学技术奖奖章。

2016 年 12 月 20 日，黄旭华院士手捧潜艇模型留影。（新华社记者熊琦摄）

"共和国勋章"、全国道德模范……功勋卓著的光环之下，黄旭华百感交集：我国第一艘核潜艇下水，这是我们自己干出来的。

黄旭华的人生，就像深海中的核潜艇，"深潜"一辈子，无声，却有无穷的力量。

❈ 坎坷中求学，奋进中蜕变 ❈

1924年2月，黄旭华出生在广东省海丰县田墘镇。黄旭华读高小时深受苏剑鸣老师影响，为其科学思想及普通话能力打下了良好的基础。

1938—1944年，在日本侵华战争所带来的颠沛流离中，黄旭华辗转揭西、兴宁、韶关、坪石、湘南、桂林等地求学，经历舟车劳顿、与饿殍擦肩而过，成绩优异的他，不仅培养出了顽强不屈的毅力，还对于个人前途和国家命运展开了深刻的思考。

1947年，黄旭华在新中院宿舍前练习小提琴。

1944年9月，黄旭华以优异的成绩进入国立交通大学造船专业学习，开始了他的科学救国之路。

在交通大学学习期间，黄旭华加入了进步学生社团"山茶社"。在这里，他逐步成长为地下党培养的进步青年，见证并参与了许多上海的重大学生运动。经过一系列的血与火的洗礼，黄旭华终于在 1949 年春天成为一名光荣的中国共产党党员，完成了从一名进步学生到革命者的蜕变。

❀ 荒岛上的人生，汗水里的岁月 ❀

毕业后的短短 3 年时间里，黄旭华不仅频繁地变换着工作单位，而且显示出一种从政的工作迹象。不管在哪个岗位，黄旭华都把工作做得兢兢业业，成绩斐然，深受组织与群众的好评。

但是，黄旭华到底心有旁骛，从政不是他的职业追求，回归技术工作才是他的志趣选择。1953 年，他被调动到船舶工业管理局从事专业技术工作，并于 1957 年开始接触潜艇技术，跟随苏联专家学习潜艇的设计与制造技术。

1958 年，国际政治波谲云诡，面对美苏的恫吓与利诱，毛泽东同志高瞻远瞩，字字铿锵地说："核潜艇，一万年也要造出来！"

于是，我国研制核潜艇的"09"工程诞生了。黄旭华因其优秀的专业能力被秘密地召集至北京，迅速开始了我国第一代核潜艇的论证与设计工作。

回忆起当时的情景，他感叹道，没想到这一来就"人间蒸发"了 30 年。

这 30 年里，他完成了一生中最伟大的事业，也守护着他人生中最大的秘密。

当时，我国第一代核潜艇研制不仅面临着无经验、无技术、无条件的残酷现实，而且一开始就跌宕坎坷。1965年春，一度遭遇下马风波的"09"工程迎来了曙光，专司核潜艇研制的"中国核潜艇总体研究设计所"在渤海湾的一个荒岛成立，我国核潜艇研制正式启动。黄旭华把家安在了小岛上，开始了他的荒岛人生。

在那个"一年两次风，一次刮半年"的荒芜凄凉、乱草丛生、人迹罕至的小岛上，黄旭华带领研究所的设计人员克服常人所无法承受的各种困苦，攻克一个又一个技术难关，使我国第一代两种型号的核潜艇逐渐清晰起来。

在攻克核潜艇的研制设计过程中，黄旭华需要带领团队攻克核潜艇的动力、线型、结构、水声、武备、通信、生命保障等核心技术，而当时一没有核潜艇的相关知识和参考资料，二没有足够的科研设备条件，三没有配套的工业基础，摆在大家面前的情况十分棘手。

没有条件也要干！怎么办？骑驴找马，决不等待。

用"土"办法解决尖端技术问题：没有现成的图纸和模型，就一边设计一边施工，白天黑夜加班加点；没有计算机，就用算盘和计算尺，日日夜夜、月月年年，算出了首艘核潜艇几万个数据；为了控制核潜艇的总重和稳性，边角余料都要过磅称重……

清醒的头脑就是法宝，深入调研，搜寻核潜艇的材料：为从零零碎碎、真假难辨的资料中拼凑有用信息，他们时刻携带"三面镜子"：用"放大镜"搜索相关资料，用"显微镜"审视相关内容，用"照妖镜"分辨真假虚实。

就这样，依据大量的试验和严谨科学论证，水滴线型的设计

1988 年 3 月 4 日, 黄旭华在葫芦岛试验基地。(新华社发)

1988 年 9 月, 我国第一代核潜艇研制工程四位总设计师聚于"406"艇前, 左起依次为赵仁恺、彭士禄、黄纬禄、黄旭华。

脱颖而出；黄旭华决策采用围壳舵、艉水平舵相结合的操舵方式，成功地解决水下高、低速航行时的稳定性和机动性；他牵头推导出艇体直径比常规动力潜艇大约 1 倍，特别是导弹舱特大直径和双排大开孔等耐压艇体结构的设计计算方法。

经历一系列探索与实践，1970 年 12 月 26 日，我国的第一艘鱼雷攻击型核潜艇带着全国人民的期盼和全体研制人员的汗水顺利下水，中华民族开始拥有了捍卫国家安全的海上苍龙。

1981 年 4 月 30 日，我国首艘弹道导弹核潜艇成功下水，自此劈波斩浪，遨游在深蓝大洋之中，为保卫世界和平释放着巨大的震撼力。

❖ 忠孝难两全，相信家人会理解我 ❖

黄旭华夫妇结婚照。

从接收研发核潜艇任务伊始，黄旭华坚守组织的要求，不透露工作单位、工作性质，隐姓埋名，当一辈子无名英雄。从 1958 年至 1987 年，他隐姓埋名 30 年，家人遭难他未能照顾、父兄逝世他没有送行，母亲等了 30 年才见到他一面。困窘批斗不堕其志、委屈误解不鸣其冤，舍小家顾大家，他终以其铸就的国之重器换来家人的理解和敬佩。

黄旭华的夫人李世英给了他极大的精神支撑。李世英温良敦厚，被黄旭华传记作者尊称为品德高尚、品质优秀、品位雅致的"三品夫人"，她用她那柔弱的肩膀扛起了一个家，让黄旭华专心致志于核潜艇事业。

1988 年年初的核潜艇南海深潜试验中，60 多岁的黄旭华冒着生命危险亲自下潜水下 300 米指挥试潜，成为世界上核潜艇总设计师亲自下水做深潜试验的第一人，这样一次高危险的大胆尝试，也与妻子的理解与支持密不可分。黄旭华虽然从未当着夫人的面说过一句感谢的话，可是当着媒体、当着子女、当着他人时，他总是噙满泪水地说欠了她一辈子，感谢她一辈子无怨无悔的付出。

"俗话说'忠孝两难全'，我觉得，对国家的忠就是对父母最大的孝，我相信终有一天我的家人会谅解我，能够理解我为国家所做的工作"，晚年的一次报告会上，黄旭华回顾种种，激动哽咽。

2019 年 4 月 18 日，黄旭华在办公室内工作。（新华社记者熊琦摄）

2014 年，三十年磨一剑、许身报国铸辉煌的黄旭华入选 2013 年度"感动中国"十大人物。

"感动中国"组委会写给他的颁奖词是这样的："时代到处是惊涛骇浪，你埋下头，甘心做沉默的砥柱；一穷二白的年代，你挺起胸，成为国家最大的财富。你的人生，正如深海中的潜艇，无声，但有无穷的力量。"

参考文献

王艳明，杨艺：《黄旭华：许身报国铸辉煌》，《中国科学报》，2015年12月4日。

夏静，刘平安：《黄旭华：无怨无悔的核潜艇人生》，《光明日报》，2017年11月26日。

刘诗平，黄艳，余国庆：《人生，为祖国深潜——记中国第一代核潜艇总设计师黄旭华》，新华网，2017年12月25日，http://www.xinhuanet.com/politics/2017-12/25/c_1122165222.htm.

科学家名言

当年搞核潜艇时有四句话：自力更生，艰苦奋斗，大力协同，无私奉献。听起来比较土气，但这是真正的财富。

——黄旭华

大科学家小故事

用算盘算出的核潜艇

当时世界上最先进的核潜艇外形是水滴型。美国在研制中谨慎地选择了三步走，先采用适合水面航行为主的普通线型，再建造一艘常规动力水滴型潜艇，都成功后，才结合研制成水滴型核潜艇。

而黄旭华认为时间紧迫，在与团队商定后，通过大量水池拖曳和风洞试验，取得了丰富的数据，决定一步到位将核动力和水滴艇体相结合。

"当时连基本的研制条件都不具备，就开始干了。"黄旭华回忆说。他和同事们只能"大海捞针"——从国外报刊中搜罗有关核潜艇的只言片语，拼凑出一个核潜艇的轮廓。

但准不准确，谁也不知道。恰好，有研究人员从国外带回了两个美国"华盛顿"号核潜艇儿童模型玩具。大家把玩具反复拆装，发现这些密密麻麻的设备，和他们一半靠零散资料、一半靠想象构思出的图纸基本一样。"我当时就想，核潜艇也没什么大不了的嘛！再尖端的东西，都是在常规技术的基础上综合创新出来的，并不神秘。"黄旭华说。

资料难找，数据计算也是难题——他们只能用算盘和计算尺计算核潜艇上的大量数据。那些必须精确到小数点后两位的部件配重，他们只能靠一台磅秤一个个零件称。为保证计算准确，科研人员分为两三组分别计算，结果不同就重来，直到得出一致数据。

至今，黄旭华还珍藏着一把北京生产的"前进"牌算盘，这把算盘陪伴他度过了无数个日夜。"毫不夸张地说，我国第一代核潜艇的许多关键数据都是出自这把算盘。"黄旭华说。

曾于 1988 年跟随黄旭华参与核潜艇深潜试验的中船重工首席技术专家张锦岚，对用算盘计算核潜艇数据感到不可思议："这可不是简单的加减乘除，而是要运用三角函数、对数等各种复杂和高难度的运算公式和模型。"

但在一穷二白的年代，黄旭华和同事们正是用这种土办法，突破了核潜艇中最为关键、最为重大的核动力装置、水滴线型艇体、艇体结构、人工大气环境、水下通信、惯性导航系统、发射装置等一系列关键技术。

1970 年 12 月 26 日，中国第一艘核潜艇下水。

1974 年 8 月 1 日，中国第一艘核潜艇加入海军战斗序列。

"我们的核潜艇没有一件设备、仪表、原料来自国外，艇体的每一部分都是国产。"黄旭华自豪地说。

曾庆存

一切为了祖国气象事业

· 1935.5 —·

· 大气科学家 ·

· 中国科学院院士 ·

· 2019 年度国家最高科学技术奖获得者 ·

我国气象事业，经历了从无到有、从弱到强的过程。

回顾 20 世纪，天气预报很大程度上依赖于预报员的经验和主观判断，由于缺少精确计算，预报员心里也没把握。如今，天气预报已从经验时代迈进了数值预报时代，准确率和时效性有了质的提高。我国 24 小时晴雨预报准确率已达 87%，暴雨预警准确率提高到 88%，强对流预警提前量达 38 分钟，全球中期数值预报延长到 5 天可用，公众气象服务满意度逐年上升。

在推动数值天气预报进步方面，曾庆存功不可没。他是国际数值天气预报奠基人之一，他为中国现代大气科学和气象事业的两大领域——数值天气预报和气象卫星遥感作出了开创性贡献。在 2020 年 1 月 10 日召开的国家科学技术奖励大会上，曾庆存获得 2019 年度国家最高科学技术奖。

攀上珠峰踏北边

1935 年 5 月，曾庆存出生在广东阳江一个贫困农民家庭，积贫积弱的年代，肚子都填不饱。用他的话说，自己的幼年生活就是："小时候家贫如洗，拍壁无尘。"

虽然家境贫寒，曾庆存的父亲对子女的教育却格外重视。在他的记忆中，父母每日都早出晚归地去田间耕作，年幼的他就以旁听生的身份跟着哥哥一起去学堂听课。

1952 年，曾庆存以优异的成绩顺利考入北京大学物理系，当时的他对物理学有着浓厚的兴趣。但是在那时，新中国刚成立不久，迫切需要发展气象事业，培养我国自己的气象学科人才。因此，北京大学物理系准备安排一部分学生去学习气象专业，其中就包括曾庆存。

尽管这不是自己最初的兴趣，但是因为国家的需要，曾庆存还是毅然改学气象专业，从此开启了他的气象科研人生。

毕业前，曾庆存到中央气象台实习。他发现，由于缺少精确计算，气象员们往往只能通过图表做出定性分析，凭经验做天气预报，对得出的结论心中并不坚定。

曾庆存便暗下决心，要研究客观定量的数值天气预报，提高天气预报的准确性，增加人们应对自然灾害的能力。

1957 年，从北京大学毕业的曾庆存被选派赴苏联留学，他的导师基别尔为他选择了"应用斜压大气动力学原始方程组做数值天气预报"的论文题目。这是一个世界难题，因为大气运动非线性强、具有多尺度特征，且需要计算的物理变量和自由度巨大，包括温度、气压、湿度、风速等。在当时计算条件下，想追上天气变化的速度将其计算出来，实现真正的"预报"，几无可能。

曾庆存反复试验，几经失败，终于从分析大气运动规律的本质入手，摸索出了用不同的计算方法分别计算不同过程的办法，即"半隐式差分法"。经检验，预报准确度大于 60%，可实际使用。这是世界上首个用原始方程直接进行实际天气预报的方法，沿用至今。

"在总结导师以前工作的基础上，我冥思苦想了 3 年时间，终于把原始方程组解出来了。"在曾庆存看来，科学大道是不平坦的，只有勇敢坚毅，才能攀上顶峰。

1961 年，曾庆存得出研究成果后，迫不及待回到祖国。他写了一首诗以自励：温室栽培二十年，雄心初立志驱前；男儿若个真英俊，攀上珠峰踏北边。

✦ "国家需要我回去搞建设" ✦

"当时就一个念头，回国！国家需要我回去搞建设，我就马上回去。"踏上国土的那一刻，26 岁的曾庆存便下定决心，要踏上气象科学领域最高峰。

回国之后，曾庆存立即进入了中国科学院地球物理研究所气象研究室工作。由于当时没有电子计算机，无法开展尖端数值天气预报的研究工作，曾庆存就带领团队集中精力研究大气和地球

曾庆存（右）与团队成员在讨论问题。（1989 年 9 月 29 日发，新华社记者杨武敏摄）

流体力学以及数值天气预报中的基础理论问题，并在数值天气预报与地球流体力学的数学物理系统理论研究中取得了重要成果。

当时条件差，曾庆存住在只有几平方米的房子里。尽管物资匮乏、生活清贫，他却丝毫没有减少科学报国的热情。作为访问学者出访美国、日本时，他尽量节省开支，把所余的近6000美元交还给国家。

1970年，曾庆存又一次服从国家需要，被紧急抽调参加气象卫星工程这一完全陌生的研究领域。同时参与该项目的研究员董超华依稀记得，那时美国和苏联已经有了气象卫星，我国也要研制，但大家对该领域完全陌生。曾庆存不畏艰难承担起顶层设计工作，带领他们白手起家。

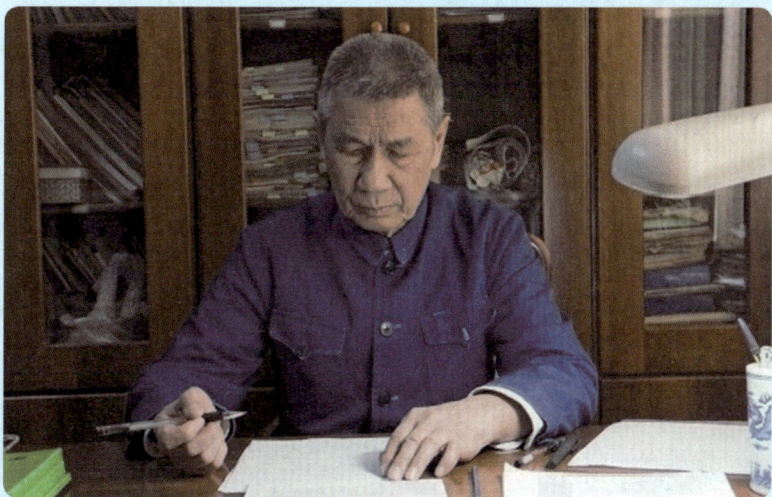

2012年11月，曾庆存在中国科学院大气物理研究所的办公室里工作。（新华社发，中国科学院大气物理研究所供图）

在那段时间里，曾庆存克服重重困难，遇见不懂的问题就从头开始自学，终于解决了卫星大气红外遥感的基础理论问题。

"国家需要我做什么，我就做什么。不懂就从基本理论一点一滴啃起，我搞懂了，再来教其他人。"繁重的工作让曾庆存积劳成疾，他仍然坚持完成了一部 30 万字的著述《大气红外遥测原理》。这是国际上第一本系统讲述卫星大气红外遥感定量理论的专著，其中提出的"最佳信息层"和反演方法，在我国气象卫星的规划和研制方面起到了重要作用。

此后，曾庆存回归到数值天气预报研究领域。1979 年，他出版了专著《数值天气预报的数学物理基础》（第一卷），这部长达 80 万字的专著将数学、力学和气象学有机结合起来，贡献了世界首创的数值天气预报理论研究成果，得到国际同行赞誉。

曾庆存还将数值天气预报延伸至气候变化模拟和预测，采用自研的气候系统模式在世界上率先做出跨季度气候的动力学预测。

2016 年，曾庆存获得世界气象组织最高奖——国际气象组织奖，"获奖不仅代表国际气象界对我个人的认可，更彰显了我国气象事业的发展水平"。

❖ 胸怀大局，甘为科学发展"折腰" ❖

曾庆存不仅是一位优秀的科学家，还是一位杰出的科研工作领导者。1984 年，49 岁的曾庆存挑起了中科院大气物理研究所所长的大梁。那时正是大气所最艰难的一段时光。

中科院党组原副书记郭传杰还清楚地记得 30 多年前的一幕。当时，他来到中科院大气所调研，听取科研人员的意见。大家在一间会议室里轮流发言，轮到曾庆存时，他说了这样一段话：

"古人陶渊明，不为五斗米折腰。如果为自己，我也不会为几斗米去折这不高贵的腰。但现在我已经折得腰肌劳损了，而且还得折下去。因为我在主持大气所的工作，不能让先辈创立的这么优秀的研究所在我手上败下去。大气研究对国计民生非常重要，我们研究所虽然规模不大，但有一群爱研究的科学家。我们希望国家重视基础研究，让大家有一个可以安心做基础研究的环境。"

为"五斗米"而折腰，曾庆存确实是这么做的。大气所当时还没有大型计算机。曾庆存认为，要让大气研究走得更快，必须购置大型计算机。当时别人对此不理解，曾庆存就不断地往相关

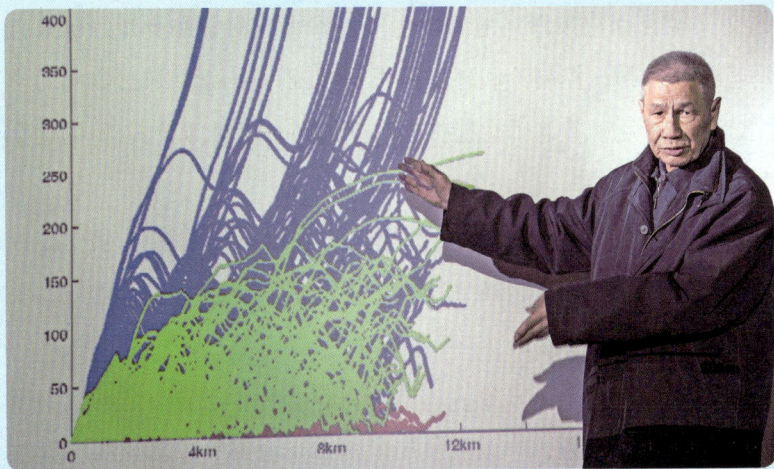

2014 年 11 月 29 日，曾庆存在做演示。（新华社记者金立旺摄）

部门跑，不停地解释，终于获得了经费。

在担任所长的 9 年间，曾庆存在头批建设的国家重点实验室中争取到两个大气科学方面的名额，建成"大气科学和地球流体力学数值模拟国家重点实验室"和"大气边界层物理和大气化学国家重点实验室"；而后他又抓住契机，向发展中国家科学院成功申办了"国际气候与环境科学中心"。短短几年内，他所开创和领导的这几个机构便在国际上声名远扬，更成为我国大气科学基础研究的中坚力量。

"中国要成为世界科技强国，必须有原创性成果，必须有更多能耐得住寂寞的青年人投身科研事业。而我，一个气象科研领域的老战士，愿意为真理、为人民、为国家、为党奉献一切。"曾庆存说。

大气科学是交叉学科，曾庆存重视网罗各专业人才，为多学科交叉融合创造条件。他的学生中，除大气科学专业外，也来自物理学、力学、控制论和环境科学等领域。"不管是什么方向的学生，招进来后，曾老师总能根据他们的特长因材施教。"他的学生戴永久院士说。

曾庆存的治学态度十分严谨，一直告诫学生要甘坐"冷板凳"，有"十年磨一剑"的精神。他向来反对浅尝辄止的作风，要求学生把学问做深做透。

为建设一支国家气象人才队伍，曾庆存苦口婆心地劝说出国研究人员回国效力，中国气象局广州热带海洋气象研究所科学主任张邦林就是被他拉回来的。"20 世纪 90 年代，很多研究人员都

2020 年 1 月 10 日，中共中央、国务院在北京隆重举行国家科学技术奖励大会。曾庆存院士代表全体获奖人员发言。（新华社记者申宏摄）

出国了，我当时出去后曾老师很生气，后来他经常给我写信，让我回国为祖国的气象事业服务。"张邦林说，像他一样被曾老师拉回国的学生非常多。

眼下，曾庆存最关心的是自主地球系统模式的研制和国家重大科技基础设施——地球系统数值模拟装置的落地建设。位于北京怀柔科学城的这座大科学装置计划于 2022 年完成，"等建成了，我一定要去现场看一看"。

参考文献

扈永顺：《曾庆存：一切为了祖国气象事业》，《瞭望》新闻周刊，2020 年 1 月 16 日。

陈海波：《"气象科学老战士"曾庆存：不求闻达亦斯文》，《光明日报》，2020 年 1 月 1 日。

操秀英：《曾庆存：气象万千映丹心》，《科技日报》，2020 年 1 月 13 日。

🧪 科学家名言

温室栽培二十年，雄心初立志驱前；男儿若个真英俊，攀上珠峰踏北边。

——曾庆存

⚛ 大科学家小故事

黄牛风格，赛马精神

初识曾庆存的人，可能觉得他不苟言笑，深入了解了，就发现他才情横溢，总能冒出些"金句"。

他做学问，也写诗。"不追求华丽，平淡有意境。"有人评价，人如其诗。

他时常用一句话勉励和要求自己：为人民服务，为真理献身，凭黄牛风格，具赛马精神。"平常像老黄牛一样踏实科研，好好积累，当国家和人民用你的时候，就像赛马一样向前冲。"

曾庆存把自己当成一块砖，国家哪里有需要，他就去哪里，研究就做到哪里。1979年，他不顾身体伤病，躲在仅有几平方米、摆上两张床就站不下两个人的蜗居里，不分昼夜写作，完成了《数值天气预报的数学物理基础》第一卷。

这部长达 80 万字的大气动力学和数值天气预报理论专著，将数学、力学和气象学有机地结合起来，国际同行评价是"气象学理论化极重要的篇章"和"构筑气象力学必不可少的学术基础"。

一箪食，一瓢饮，居陋巷。多年前，曾庆存就有一句"名言"：饿着肚子推公式，越推越新鲜。同事评价他，脑袋是尖的，屁股是方的。专心研究时饿着肚子都不怕，任谁也干扰不了他。

学术认真、工作拼命，是学生们对他的一致印象。论文经过曾庆存的手，总会密密麻麻布满他亲笔修改的意见，甚至还有加页；出差时，一回酒店，曾庆存就躲进房间写稿子，同行的学生等他吃饭，饿到了晚上九十点。

2017 年春节，别人欢度假期，年过八旬的曾庆存窝在家里埋头推导大气污染优化控制理论。从大年初一到初七，撰写了数十页手稿，为中央要求环保执法禁止"一刀切"提供了理论基础。

做学问勇登高峰，生活上却满不在乎。同事赵思雄笑称曾庆存总是"鞋儿破，帽儿破"。"夏天在中关村，如果见到一个戴破草帽的老头，十有八九就是他。"

2020年

顾诵芬

蓝天寄深情，为国铸"战鹰"

·1930.2 —

·飞机设计专家·

·中国科学院院士·

·中国工程院院士·

·2020 年度国家最高科学技术奖获得者·

2021 年 11 月 3 日，2020 年度国家科学技术奖励大会在北京人民大会堂隆重召开。两院院士，歼-8、歼-8 Ⅱ 飞机总设计师顾诵芬荣获国家最高科学技术奖。

作为新中国飞机设计大师、飞机空气动力设计奠基人，顾诵芬七十余载致力于推动中国航空科技事业的发展，组织攻克了一系列航空关键核心技术，主持建立了我国飞机设计体系，主持研制的型号开创了我国歼击机从无到有的历史，牵引并推动我国航空工业体系建设，培养了大批院士、专家等领军人才，极大地支撑了我国航空武器装备型号研制。

❈ "我要设计飞机，保卫祖国的领空" ❈

1930 年 2 月，顾诵芬出生在江苏苏州十梓街的一所大宅院。父亲是著名的国学大师顾廷龙。曾外祖父王同愈根据晋代陆机《文赋》中的名句 "咏世德之骏烈，诵先人之清芬" 为其取名 "诵芬"。

1937 年，"七七事变" 爆发后，日军轰炸了距离顾诵芬家只有几公里的 29 军营地。爆炸产生的火光、浓烟和玻璃窗被冲击波震得粉碎的场景，深深地刻在了顾诵芬的脑海中。

正是这样的经历，让顾诵芬深切感受到没有防空力量的祖国在列强面前只能被动挨打。他在心里萌发了一个梦想："我要设计飞机，保卫祖国的领空。"

1940 年，10 岁的顾诵芬收到一份 "特殊的生日礼物"，教物理的叔叔送给他一架航模。后来，航模飞坏了，上面的很多材料在国内找不到，顾诵芬就自己开动脑筋，找其他相似的材料替代，按照《小学生文库》中对航模的讲解自己动手修理。渐渐地，他学会了自己动手做航模。之后的寒暑假，除了写作业，他的大部分时间，都与航模相伴。

顾诵芬高中时期，父亲顾廷龙送给他一本人物传记《一个飞机设计师的

年幼时期的顾诵芬。

故事》。这是苏联著名飞机设计师雅科夫列夫的自传，叙述了他从少年时代对工程技术发生兴趣及以后制造滑翔机逐步过渡到设计和生产轻型战机，最后成长为苏联第一代飞机设计师的过程。这本书对中国的许多大、中学生极具感召力，影响顾诵芬立志以航空为毕生事业的追求。

高中毕业后，顾诵芬分别报考了清华大学、浙江大学和上海交通大学，选择的专业都是航空专业，结果都被录取了。最终，因为家人的缘故，他选择了上海交通大学。

上海交通大学是中国航空工程教育起步最早的大学之一。顾诵芬考进交大时，航空系录取了近30名新生，然而随着学业晋级，同学人数却急剧减少，其中一个重要原因是对毕业后就业的

考虑。在中国面临着历史大转折的 1948 年，航空显然不是一个有较多就业机会的专业，所以二年级时就有不少同学转系。

大学四年级时，航空系面临分专业，分别是空气动力组、飞机结构组、发动机组。只有顾诵芬和另外两位同学选择了没人愿选的空气动力专业。他说："我觉得搞航空不学空气动力学就白搞了，所以我不顾就业选了空气动力学。"

1951 年，顾诵芬毕业后被分配到航空工业局（四局）工作。他服从国家安排，远离家乡北上沈阳，参与维修抗美援朝战伤的飞机。但仅仅参照国外设计图纸维修飞机远远满足不了顾诵芬，他的志向是设计中国人自己的飞机。

顾诵芬（前左三）与上海交通大学航空系同学合影。

❖ 从修理、仿制到自行设计 ❖

20世纪50年代，苏联派了大批专家来华帮助建设新中国，提供了大量用于飞机制造的资料，指导中国人学习如何制造飞机。他们的原则很明确，不教中国人自己设计飞机。那时候中国的飞机工厂都只是苏联工厂的复制厂，中国人无权在设计上做任何改动，更不要说设计新机型。

在工作中遇到的许多事情使顾诵芬感受颇深："仿制而不自行设计，就等于命根子在人家手里，自己没有任何主动权。"

1956年8月，四局发布了《关于成立飞机、发动机设计室的命令》，开创了新中国自行设计飞机、发动机的历史。随即徐舜寿、黄志千、顾诵芬与程不时等人开始组建飞机设计室。

他们从各厂设计科调集了多名技术骨干，同时从南航、北航、清华、华东航空学院（西工大前身）等大专院校的毕业生中录用了一批年轻人，组成了一支平均年龄仅22岁的设计队伍。

设计室的第一项任务是设计歼教–1飞机，这是中国历史上第一架自行设计的喷气式歼击教练机。顾诵芬负责其中的气动力设计。他从搜集资料开始，并向国内仅有的几位曾经参与过国外飞机设计的老教授请教。当有人提到英国的一份技术期刊有相关介绍，可以到北京航空学院图书馆查询时，顾诵芬赶忙去北航查阅。白天不能干扰学生学习，他就晚上抽空借阅。查阅的资料太多，没有复印机，他就自己动手抄写描摹。

在歼教-1前合影（左一陆孝彭、左二叶正大、左三徐舜寿、右三程不时、右二顾诵芬、右一汪子兴）。

最终仅用一年零九个月的时间，他们完成了设计、制造并成功实现首飞。1958 年 7 月 26 日，歼教–1 成功试飞，标志着中国航空工业从修理、仿制进入了自行设计喷气式飞机的新时期。如今，这架飞机被收藏在北京昌平的中国航空博物馆中。

❄ 一切为了歼-8 定型 ❄

20 世纪 60 年代，为应对我国周边复杂局势、满足空军对高空高速歼击机的急需，研制歼–8 飞机的工作如火如荼地开展起来。

1964 年，34 岁的顾诵芬以副总设计师的身份参与到歼–8 项目中，为歼–8 飞机付出了全部的心血精力，但限于当时落后的航

空工业水平，加上之后的特殊年代对研制工作的严重干扰，歼-8
的研制和试飞历程充满了坎坷。

当时，时任歼-8总设计师的黄志千在出国考察途中遭遇空难
不幸牺牲，年轻的副总设计师顾诵芬和叶正大、王南寿等临危受
命，带领着队伍沿着崎岖坎坷的道路前进。

1969年7月5日，歼-8飞机实现首飞。但在之后的飞行试
验中，飞机出现了强烈的跨声速、超声速振动。为解决飞机抖振
问题，顾诵芬做出了一个大胆的决定：在飞机机身尾部和尾翼粘
贴粗毛线，用来观察飞机后机身流场，找出抖振的原因。

为了摸清飞机纵向振动的原因，在没有高速摄影设备和长焦
镜头的情况下，从未接受过飞行训练的顾诵芬，不畏艰险，亲自

顾诵芬（后座）乘歼教-6飞机升空，前排飞行员为鹿鸣东。

带着望远镜、照相机乘歼教–6 上天观察拍摄。

顾诵芬通过观察毛线条的扰动及损坏情况，对问题进行了深入分析，最终提出对机尾罩进行针对性的更改，彻底消除了歼–8 飞机的跨声速振动问题，歼–8 最终定型。

20 世纪 70 年代，国际形势变化，歼–8 已无法满足我国国防需求。1981 年，顾诵芬被任命为歼–8 Ⅱ型飞机型号总设计师。歼–8 Ⅱ型飞机是歼–8 飞机的改进型，具有全天候拦射攻击能力。

1984 年 6 月 12 日，歼–8 Ⅱ飞机首飞成功。这样一架使用范围广、性能要求高、结构改动大的新机，全部过程用了不到四年的时间，其速度之快、质量之好，是新机研制史上的首创。

歼–8 Ⅱ型飞机首飞成功后合影（左起：温俊峰、飞机总设计师顾诵芬、飞行员曲学仁、首飞指挥员王昂、现场总指挥管德）。

❄ 择一业，终一生 ❄

顾诵芬心无旁骛，一生致力于飞机设计事业，他拒绝人们称他为大师，但他的成就在中国航空工业史上熠熠生辉。

1986 年，顾诵芬从沈阳调任北京，从具体型号设计和研制现场来到航空工业科技委、中国航空研究院，他始终密切关注航空科技工业的发展。

20 世纪 90 年代，顾诵芬发起并组织了与俄罗斯航空专家合作进行远景新飞机方案的设计工作，我国 250 多名飞机设计技术骨干因此受到锻炼，为我国第四代飞机研制做了充分的技术和人才队伍的准备。

1995 年，顾诵芬与崔尔杰院士率领技术团队研制出中国第一架地效飞行器。

进入 21 世纪，顾诵芬的视野更加开阔。他领导科技委飞机专业组开展涉及民机、大型飞机（包括大型客机和军用运输机）、轰炸机、高超声速飞行器、无人机、教练机、轻型多用途战斗机、外贸机等多种机型的研究，形成研究、咨询报告和建议书多份，为型号发展提供了指导意见，为集团公司和国家决策提供了依据。

耄耋之年的顾诵芬仍然坚持按时上班，时刻关注国际航空前沿科技发展动态，承担了大量顾问、咨询和课题研究任务，还主持编著、指导并亲自撰写了大量科技发展、航空工业历史经验方面的著述。他说："我的余生就搞这些工作了，做一些力所能及的有益于推动航空工业发展的事。"

2017 年 4 月 27 日，顾诵芬院士在办公室阅读英文航空资料。

　　作为我国飞机空气动力设计奠基人，顾诵芬和新中国航空工业 70 年同呼吸共命运，从青丝到白发，将自己对国家和对航空事业的忠诚镌刻在蓝天上。

参考文献

李晨阳：《2020 国家最高科技奖得主顾诵芬院士：白首心尤坚，青云志益远》，《中国科学报》，2021 年 11 月 4 日。

刘诗瑶：《顾诵芬——一切献给祖国蓝天》，《人民日报》，2021 年 11 月 4 日。

杨舒：《顾诵芬：想对年轻人说，永远把国家放在第一位》，《光明日报》，2021 年 11 月 4 日。

矫阳：《顾诵芬：让中国"雄鹰"振翅高飞》，《科技日报》，2021 年 11 月 4 日。

胡喆：《顾诵芬：蓝天寄深情　为国铸"战鹰"》，新华社，2021 年 11 月 4 日。

科学家名言

　　回想我这一生，谈不上什么丰功伟绩，只能说没有虚度光阴，为国家做了些事情。

——顾诵芬

大科学家小故事

众人眼中的"活图书馆"

顾诵芬是众人眼中的"活图书馆"。

"他脑子对资料的储存，简直不亚于计算机，一些期刊甚至都'印记'在他脑海里。"谈到顾诵芬的博学强记，中国工程院院士杨凤田钦佩不已。

在航空工业系统，几乎所有请教过顾诵芬的科技人员，都有这样的经历——每当在工作中碰到一些技术问题，不用去资料室查阅资料，只需请教顾诵芬，就能准确得知美国国家航空航天局（NASA）或 AGARD 杂志的报告号。

"大家之所以称他为'活图书馆'，一是他勤奋学习，抓紧一切时间读书；二是他有惊人的记忆力，看过一遍就全记住了。"中国科学院院士李天说。

早在几十年前，顾诵芬惊人的记忆力就在航空系统传开了。

1965 年，从清华大学毕业的孙卿被分配到航空工业沈阳飞机设计研究所（601 所）工作。尽管已过去几十年，孙卿至今仍对第一次听顾诵芬讲课记忆犹新，"他在黑板上写下一串长长的、复杂的气动力数学公式，完全凭记忆，令所有听课的年轻人都震惊不已"。这样的授课，孙卿此前仅遇见过一次，那是钱学森先生的课，此后再未听过第三人这样讲过课。

　　书香门第的熏陶，养成了顾诵芬爱读书的好习惯。认识他的人都知道，除了吃饭、睡觉、工作以外，顾诵芬唯一的爱好就是读书，连睡前洗脚的工夫都不忘阅读。

　　除自身的气动力专业，担任歼-8 系列总设计师后，顾诵芬又很快掌握了总体、重量、外形、结构、强度、飞控、航电、环控、武器、电源电气、仪表等各个专业的技术。"顾总对这些技术并非简单了解，而是深入研究。"顾诵芬的学生、中国工程院院士、中国航空研究院院长孙聪深有体会。

　　在航空科技人的眼里，"顾总的英语水平，无论口语、笔译，在全行业都是首屈一指的。"601 所专务、型号总设计师赵霞说。

　　除了英语，为了便于直接参考国外相关资料，缩小与他国航空技术的距离，顾诵芬先后自学了俄语、日语和德语，亲自翻译和校对了大量的书籍和资料。

　　如今，年届九十的顾诵芬，仍承担着繁忙的课题研究任务。简朴的办公室，如同一座"书的森林"，各种外文期刊随处可见，业内外院士、专家也经常过来请教技术问题。对每位专家提出的难题，顾诵芬都会神情专注地倾听，并简洁明快地作出回答。有时，他会站起来，步履稍显蹒跚地走向书架，几乎不假思索地抽取一本书或刊物，翻到某一处，对来者说"你所说的这里有论述"。

王大中

勇攀核能安全利用高峰

· 1935.2 —

· 核能科学家、教育家 ·

· 中国科学院院士 ·

· 2020 年度国家最高科学技术奖获得者 ·

2021 年 11 月 3 日，国际著名核能科学家、我国实现反应堆固有安全的带头人王大中走上 2020 年度国家最高科学技术奖的领奖台。

很多人好奇，王大中是谁？这个名字对大众而言似乎有些陌生。他主持研究、设计、建造、成功运行世界上第一座 5 兆瓦壳式一体化低温核供热堆；主持研发建成了世界第一座具有固有安全特征的模块式 10 兆瓦高温气冷实验堆，并积极推动以上两种先进反应堆技术的应用。他曾先后以第一完成人身份获得国家科技进步奖一等奖两次、国家教委科技进步特等奖、何梁何利科学与技术进步奖、国家级教学成果特等奖、全国"五一劳动奖章"等多项荣誉。

低调的他带领清华大学核能研究团队历经几代人，勇攀核能安全利用高峰，将"固有安全"的核反应堆，从外国人眼中的"神话"概念，变成中国人手下的"现实"杰作！

✧ 23 岁半的年轻人 ✧

1935 年 2 月，王大中出生于河北昌黎。1947 年，王大中小学毕业时，因大雨错过了南开中学报名时间，他只好先进入木斋中学读书。1949 年 3 月，天津解放，南开中学招插班生，王大中得知消息后马上报考，从初二下半学期转入南开中学。这次转学也让少年王大中深深感到，自己决心做的事情就一定要身体力行去争取。1953 年，王大中以优异的成绩考入清华大学，那时，我国刚开始实施第一个五年计划。

1955 年 1 月，中央决定我国要搞原子弹、建立核工业。发展原子能事业，首先要培养原子能科技人才，时任清华大学校长蒋南翔自告奋勇，在 1955 年春启动了清华大学原子能新专业的建设工作，并于 1956 年成立了工程物理系，这是国家为培养原子能科学技术人才而成立的第一个核工程系，首批学生全是从学校其他院系抽调过来的学生骨干。刚在机械系读完二年级的王大中就在其中，成为物八班的一员。

1953 年，刚刚进入大学时的王大中。

在这个充满活力的班级里，王大中听到了彭桓武、王明贞、王竹溪、朱光亚等大师的授课，努力汲取着最新科学技术的养分。高年级分专业时，王大中选择了核反应堆专业。一次，他看了一部关于苏联首个原子能发电站的纪录片——功率 5000 千瓦的核电站，厚厚的混凝土墙，神秘的原子炉，以及原子核裂变释放出巨大能量，让年轻的王大中印象深刻。他想知道"链式裂变是怎样发生的，是怎样被控制的，能量又是怎样传出和利用的"？

正是这种好奇心让王大中选择了将建设核反应堆作为一生的事业。

1959 年下半年，清华大学反应堆的厂址基本选定，位处北京昌平虎峪村南，大约 400 亩的一片遍布卵石、长着酸枣刺的坡地上，清华人称这里是"200号"。

1960年元旦刚过，虎峪大雪纷飞、北风呼啸，一批复转军人、基建处和行政处的师傅以及工物系师生组成了一百多人的队伍，从清华园来到了虎峪工地，成为反应堆工地的第一支队伍。瘦弱的王大中刚从工物系毕业留校，义无反顾地加入了这批平均年龄23岁半的年轻人的队伍。

那是一段艰辛又充满乐观精神的岁月。有个广为流传的故事，当时从学校到工地，大家都是从西直门坐火车到南口，爬两个坡去工地。所以下车后，人们习惯在车站前的饭馆吃饭，第一坡短，爬上来肚子里的二两饼就没有了，第二坡长，可以消化四两饼，大家把这两个坡称为"二两坡"和"四两坡"。

爬坡不易，科研更为艰难。王大中回忆："当时反应堆这门

20世纪60年代初，"200"号基地年轻的建设者（左列自上而下第三为王大中）。

课程没有教材，只能从实践中摸索。"各国对反应堆的研究保密，摆在科研工作者面前的只有苏联提供的不完整图纸，但他们坚信"用我们的双手开创祖国原子能事业的春天"。

王大中和师生们从做工程模型开始，了解反应堆结构和系统，逐渐搞清了反应堆堆芯、各种工艺系统和建筑结构。其中，王大中还负责反应堆热工水力学实验室的筹建。1964 年秋天，我国第一座自行设计、建造的核反应堆——清华大学屏蔽试验反应堆成功建成。

❖ 跳起来摘果子 ❖

1979 年，美国三哩岛压水堆核电站发生堆芯熔化事件。两年后，王大中来到联邦德国于利希核研究中心，他选择了攻克安全性难题的"模块式中小型高温气冷堆的设计研究"作为题目，提出环形堆芯的新概念，将单堆功率从 20 万 kW 提高到 50 万 kW。这一发明，后在德、美、英等国获得发明专利权。王大中以此成果写出 90 余页德语论文，以全优成绩通过答辩，仅用一年九个月，就拿到了亚

1980 年，在德国留学时的王大中。

琛工业大学的博士学位。

1982 年 10 月，王大中回国，不久被任命为清华大学核能所副所长，后又任所长。1985 年，王大中主持了国家"七五"重点科技攻关项目"5 兆瓦低温核供热堆研究"。1986 年切尔诺贝利严重核事故使世界核能的发展再次迅速地转入低谷，核安全问题成为世界核能发展绕不过去的难点。

同年，5 兆瓦低温核供热堆在低谷中开工。1989 年建成并首次临界成功，5 兆瓦低温核供热堆成为世界上首座一体化自然循环水冷堆，也是世界上首次采用新型水力驱动控制棒的反应堆。

王大中总结："要善于把握技术发展方向，选好技术方案和项目目标，在目标定位上要'跳起来摘果子'，如果目标过高或过低，只能无功而返或达不到预期成果。"

1989 年 11 月，核能所所长王大中（左一）宣布 5 兆瓦核供热反应堆启动运行成功。

也是在这种思路的指导下，他带领团队开始 10 兆瓦模块式高温气冷堆研发。1992 年，国务院批准立项，在清华大学昌平"200 号"建设一座 10 兆瓦高温气冷实验堆。该堆 1995 年正式动工兴建，2000 年建成，2003 年并网发电，成为世界首座模块式球床高温气冷实验堆。

✣ 扬帆起航正当时 ✣

1994 年 1 月，王大中被任命为清华大学校长，开启了他另一段精彩的人生历程。十年间，他引领清华完成了世纪跨越。

王大中首先在学科建设上作了总体规划，确立了发展工科优势、加快理科和管理学科发展、加强人文社会学科发展的方针，并与中央工艺美术学院合并等，使清华大学重新成为一所综合大学，使学校向世界一流大学的目标迈出了重要的一步。

面向千禧年，王大中提出了"综合性、研究型、开放式"的办学思路，制定了"三个九年，分三步走"的发展战略，确立了"高素质、高层次、多样化、创造性"的培养目标，一步一步，完成了综合性学科布局。

目前的清华大学已经跻身世界著名大学前列，王大中功不可没。

从 20 世纪 60 年代新中国首座自行设计与建造的屏蔽试验反应堆，到 90 年代一体化自然循环核供热堆，再到新世纪模块式球床高温气冷堆，王大中参与的三个核反应堆的建设极大推动了我国核能科技的发展。

2021 年 9 月 12 日，王大中（中）、吴宗鑫（左）、张作义（右）在山东石岛湾高温气冷堆示范工程现场。

而在 2021 年 9 月，全球首个第四代核电——华能石岛湾高温气冷堆核电站示范工程 1 号反应堆首次达到临界状态，机组正式开启带核功率运行。这是国家科技重大专项之一"大型先进压水堆及高温气冷堆核电站"的成果，清华大学是唯一牵头实施重大专项的高校。王大中的学生、清华大学核能与新能源技术研究院院长张作义被任命为总设计师。9 月 12 日，86 岁的王大中在张作义的陪同下亲临现场，见证了这一重要时刻。

支撑伟大事业的，是科研工作者的爱国精神，而正如王大中在国家最高科学技术奖颁奖仪式前接受采访时说的："所有科技工作者都要自觉为科技自立自强作贡献，责无旁贷，科技创新就是我们最主要的爱国方式。我相信，只要我们每个人都坚定信心、勇敢向前，我们的国家就会有无限光明的未来。"

参考文献

盖博铭，王琳琳，马晓冬：《王大中：见险峰而越 固强国之基》，新华社，2021 年 11 月 4 日。

科学家名言

我们就是要敢于尝试，敢于选择科技领域的无人区。

——王大中

大科学家小故事

科技事业值得一辈子去追求和奋斗

1994年1月，王大中被任命为清华大学校长。对待教育工作，他始终坚持严谨认真、一丝不苟的治学态度，并言传身教地影响了一大批年轻人。

王大中的博士生、现任清华大学核研院副院长的石磊，至今仍记得导师指导他修改论文的场景。王大中细心地将其论文中的标点、图标符号等错误一一指了出来。当时王大中是清华大学的校长，工作任务非常繁重，石磊说："望着满篇标有王老师修改痕迹的论文，听着王老师耐心的讲解，我深受触动"。

从1953年进入清华大学至今，王大中在清华度过了68个年头，他所引领的清华核研院也已成为中国先进核能技术发展不可忽视的中坚力量。他说："科技事业是一项崇高的事业，值得一辈子去追求和奋斗。"

致谢
Thank

本书的顺利出版离不开众多专家和采集小组老师的支持，他们为此书提供了大量的原始档案、访谈资料和历史图片，并对文字内容进行了审核、校对和把关，确保了内容的严谨性、真实性、准确性。

在此感谢王艳明、程新金、钱永红、郭志昆、尹晓冬、黎润红、李真真、李绍孟、熊杏林、丁雁生、杨延霞、郭璐、柯遵科、吕旗、周桂发、叶青、吕春朝、谢文华、胥伟华、方鸿辉、陈正洪、张佳静、鞠莉、邓若鸿等各位专家和老师。

特别感谢王永志院士、赵忠贤院士亲自审稿，感谢金怡濂院士、周蒂老师为本书提供了宝贵的历史照片，感谢北京大学王选计算机研究所的帮助，感谢王艳明、刘晓、钱永红、刘年凯和丛中笑老师审稿，感谢孙晓淳、潜伟教授指导。

各位的大力支持，让科学家故事更加生动鲜活，带领我们走近中国科学家，感受国家最高科学技术奖获得者的奋斗人生，传承科学家精神。

编　者

2022 年 4 月